イッキに内定！一般常識＆時事［一問一答］ '26

イッキに！
最新時事＆業界別
キーワード

角倉 裕之 著

▶ 矢印の方向に引くととりはずせます

高橋書店

別冊「最新時事＆業界別」キーワード

特長と使い方

最新の時事問題をコンパクトに凝縮！ 試験直前でも時事の知識が
しっかり身に付けられるよう、さまざまな工夫を凝らしています。

●就職試験を熟知した著者厳選の「35テーマ」！

日々刻々と移り変わる時事について、試験に出やすい項目を取りあげ
テーマ別に分類。各「イッキにPOINT!」では要点を分かりやすく解説
しています。

●繰り返しチェックできる「一問一答」＆「赤チェックシート」！

ポイントを理解したら、ページ下の「イッキにCHECK!」で問題に挑
戦！　試験直前の確認として使えます。

●「業界別キーワード」で目的に合った勉強ができる！

第2章では、目指す業界で頻出のキーワードを収録。まとめてチェック
して、合格に一歩でも近づきましょう。

●試験に出そうな110人の「人物ファイル」！

本書で取りあげた人物を中心にリストアップし、ジャンル別に一覧で
きます。最低限知っておくべき人物なので要チェックです。

●学生が読めない・読み間違える言葉がすっかり分かる！

誤読されがちな漢字にはルビを付けています。日頃から数多くの現
役学生と接する著者ならではの新工夫です！

■記号説明

人…人名　よみ…読み方　略…略語　英…英語　日英韓…出身国

目次

●特長と使い方

第1章 イッキに！ 最新時事ワード

1 ロシア・ウクライナ情勢 … 4	**19** 平和安全法制 ………… 28
2 EU（欧州連合）………… 6	**20** 消費税 ……………… 29
3 北方領土問題 ………… 7	**21** 日本の省庁 ………… 30
4 米国情勢 ……………… 8	**22** 少子高齢化 ………… 32
5 中東情勢 ……………… 9	**23** 再生医療 …………… 33
6 中国情勢 ……………… 10	**24** 宇宙開発 …………… 34
7 韓国情勢 ……………… 12	**25** 日本の震災 ………… 35
8 北朝鮮情勢 …………… 14	**26** 原子力問題 ………… 36
9 国際紛争・地域紛争 …… 15	**27** ノーベル賞 ………… 37
10 経済協定 …………… 16	**28** 世界遺産 …………… 38
11 軍縮 ………………… 17	**29** 映画賞 ……………… 40
12 新型コロナウイルス感染症 … 18	**30** 文学賞 ……………… 41
13 過去のパンデミック・流行病 … 20	**31** 最新経営用語 ……… 42
14 新エネルギー・新資源 … 21	**32** オリンピック・パラリンピック … 44
15 地球温暖化・SDGs …… 22	**33** 野球 ………………… 46
16 国内政治 …………… 24	**34** サッカー …………… 47
17 歴代首相 …………… 25	**35** その他スポーツ ……… 48
18 憲法・法令・条約 ……… 26	

第2章 イッキに！ 業界別キーワード

①金融…………………… 50	⑥エネルギー・環境 ……… 55
②IT・ソフトウェア ………… 51	⑦流通・商社・アパレル …… 56
③建設・住宅 …………… 52	⑧サービス（旅行・ホテル）… 57
④電機メーカー ………… 53	⑨マスコミ・エンターテインメント… 58
⑤自動車・運輸サービス … 54	

●イッキに！ 人物ファイル ……………………………………60

※本書の内容は、主に2023年10月時点の情報に基づいています。
※肩書きのない人名の敬称は略しています。

2

第1章

イッキに！最新時事ワード

1 ロシア・ウクライナ情勢

NEWS 2014年にクリミア半島を併合したロシアは、2022年にはウクライナ全土に軍事侵攻。ウクライナのゼレンスキー大統領は英米などの支援を得て対抗した。

イッキに POINT!

●ウクライナ、ロシアとは？

	ウクライナ	ロシア連邦
□国　名		
□首　都	キーウ（ロシア語読みではキエフ）	モスクワ
□政　体	共和制	共和制・連邦制
□大統領	ヴォロディミル・ゼレンスキー	ウラジーミル・プーチン
□国　土	60万km²	1709万km²
□人　口	4159万人	1億4645万人
□民　族	ウクライナ人(78%) ロシア人(17%)ほか	ロシア人(78%) タタール人(4%)ほか
□言　語	ウクライナ語、ロシア語	ロシア語
□主要産業	農業（小麦）、工業など	石油、天然ガス、石炭、工業など

●ロシアによるクリミア併合

□1991年：クリミア半島を含むウクライナは、ソビエト連邦より独立
□2014年：ウクライナにおける政変で親ロシアのヤヌコーヴィチ政権が崩壊して親欧米政権が誕生。クリミア自治共和国の一部住人は反発し、ロシアへの併合を求める住民投票が行われて、クリミアはロシアに併合された

イッキに CHECK!

■次の問いに答えよ。

□**1** 2022年、ロシアの【　】大統領はウクライナ侵攻を命じた。

プーチン
人 露 1952年生

□**2** 【1】のときのウクライナの大統領は【　】。

ゼレンスキー
人 ウクライナ 1978年生

□**3** 2014年にロシアはウクライナの【　】半島を併合した。

クリミア

〈ウクライナ周辺図〉

❶ キーウ
❷ ハリコフ
❸ クピャンスク
❹ イジューム
❺ ドネツク
❻ ヘルソン
❼ マリウポリ
❽ セバストポリ
❾ リビウ
❿ ソチ
⓫ イスタンブール
⓬ ブカレスト
⓭ ソフィア

●ロシアによるウクライナ侵攻

☐ 2022年2月、ロシアの**プーチン**大統領は、ロシアとウクライナは**キエフ公国**をルーツとする兄弟国であり、ロシアはウクライナのネオナチ政権からロシア系住民を守るための特別軍事作戦を行う必要があるという名目でウクライナに侵攻した

☐ 当初は侵攻したロシア軍が優勢で、ウクライナ東部の**ドンバス**地方などは、ロシアに支配された

☐ ウクライナの**ゼレンスキー**大統領が米英をはじめとした各国に軍事支援を求めて武器供与などを受けた結果、次第にウクライナが優勢となった

☐ ウクライナ南東部**マリウポリ**の**アゾフスタリ**製鉄所や、**ザポロジエ**原発がロシア軍の標的になった

☐ 2023年6月、ウクライナ南部・ヘルソン州の**カホウカ**水力発電所のダムが、ロシア軍によるとみられる爆破によって決壊して洪水が発生。周辺地域では大きな損害を受けた

☐ ロシアの民間軍事会社**ワグネル**の創設者**プリゴジン**は、ロシアのウクライナ侵攻で大きな役割を果たした。一方で、2023年6月に「**ワグネル反乱**」と呼ばれる動きを見せたが、数日で終息。8月に暗殺とみられる飛行機墜落事故で死亡した

☐ 4 【3】半島が接しているのは【　】海。　　黒

☐ 5 ウクライナ南東部の【　】原子力発電所は砲撃を受けた。　　ザポロジエ

☐ 6 国際原子力機関(=【　】)は、【5】の査察を行った。　　IAEA
英 International Atomic Energy Agency

2 EU（欧州連合）

NEWS EU各国は、英国のEU離脱（Brexit）、ロシアのウクライナ侵攻によるエネルギー・食料などの物価上昇、フランスでの暴動激化など様々な問題に直面している。

イッキに POINT!

●EUの歴史は？

- 1967年に6カ国で欧州共同体（EC）が発足
  - イタリア、オランダ、西ドイツ、フランス、ベルギー、ルクセンブルク
- 1993年に12カ国で欧州連合（EU）に発展
  - マーストリヒト条約による。マーストリヒトはオランダの都市
- 2009年12月にEUの新基本条約、リスボン条約が発効
- 2012年にノーベル平和賞を受賞
- 2013年7月にクロアチアが加盟して28カ国に
- 2020年1月に英国が離脱（ブレグジット：Brexit）し27カ国に

●EUの特徴とは？

- 政治、経済等の統合化→ただし、まだ発展途上
  - 国境障壁の撤廃
  - 単一通貨統合による経済と社会の発展
  - 共通外交、安全保障政策……など

- EUの旗：EU統合時の加盟国数と同じ12個（不変）の星
- EUの歌：ベートーベン作曲の第九交響曲最終楽章「歓喜の歌」

●欧州の通貨統合とは？

- 通貨：EURO（ユーロ）　記号：€　前身はECU（エキュ）
- 通貨統合時に、英国（ポンド）、デンマーク（クローネ）、スウェーデン（クローナ）はEURO採用を見送った

イッキに CHECK!

■次の問いに答えよ。

☑ **1** 1993年の欧州連合誕生の基礎となったのは【　】条約。

マーストリヒト
オランダの都市名

☑ **2** 2020年に英国が正式にEU離脱したときの英国首相は【　】。

ジョンソン
人 英1964年生
保守党党首

☑ **3** EUの初代欧州理事会議長に【　】が選出された。

ヘルマン・ヴァン・ロンプイ
人 ベルギー1947年生
ベルギー元首相

月　日

3 北方領土問題

NEWS
2020年7月に領土割譲禁止条項が盛り込まれた改正ロシア憲法が施行され、北方領土返還の交渉は暗礁に乗り上げた。また、ウクライナ侵攻に対する日本の対応にロシアが反発し、北方領土でのビザなし交流も中止となった。

イッキに POINT!

●北方領土（北方地域）とは？

- □ 北海道の東北部にある**歯舞群島**、**色丹島**、**国後島**、**択捉島**など
- □ 北海道・根室振興局の所管
- □ ロシアではサハリン州のクリル管区、南クリル管区に属する
- □ 従来、日本の四島返還論と、ロシアの二島返還論が議論されていたが、面積等分案で決着するとの見方もある

●経緯

- □ 1855年：**日露和親条約**により択捉島と得撫島の間を国境線に定める
- □ 1875年：**樺太・千島**交換（サンクトペテルブルク）条約
- □ 1945年：ヤルタ会談後、ソ連が日ソ中立条約を破棄し、日本に宣戦布告。終戦後、北方領土を占領し実効支配した
- □ 1946年：ソ連最高会議が南樺太と千島列島の領有を宣言
- □ 1956年：**日ソ共同**宣言
- □ 2010年：メドヴェージェフ大統領（当時）が国後島を訪問
- □ 2012年：プーチン大統領が北方領土問題解決について言及
- □ 2019年：メドヴェージェフ首相が大統領時代も含め、4回目の北方領土訪問

イッキに CHECK!

■次の問いに答えよ。

□ 1	北方領土四島のうち、面積が最も大きいのは【　】島である。	**択捉** よみ えとろふ
□ 2	二島返還論とは、歯舞群島と【　】島を返還することを指す。	**色丹** よみ しこたん
□ 3	2019年、ロシアの【　】首相は、自身4回目の北方領土訪問を行った。	**メドヴェージェフ** 人鑑 1965年生 元大統領

4 米国情勢

☑ 月 日

NEWS 2021年に米軍がアフガニスタンを撤退した後、2022年にロシアがウクライナに侵攻。アメリカは武器供与等のウクライナ支援を行う一方で、台湾を巡る中国との駆け引きにも追われた。

イッキに POINT!

●大統領選挙（2020年11月3日）の混乱

〈トランプvsバイデン〉
- □ 現職で2期目を狙うドナルド・トランプ（共和党）と、ジョー・バイデン（民主党）が激しい選挙戦を展開
- □ 大統領選挙では僅差でバイデンが当選し、初の女性副大統領として、カマラ・ハリスを指名した
- □ しかし、**トランプ大統領やトランプ派の弁護士**らが**郵便投票**や**投票システム**等で不正があったとして落選を認めず、2021年1月21日の就任式以降も米国内外が混乱した

〈連邦議会議事堂襲撃事件〉
- □ 2021年1月6日、**米国連邦議会で各州の選挙人投票結果を確定するための議会が開かれる中、選挙不正を訴えるトランプ支持者が、連邦議会議事堂を襲撃**する事件が起きた

●バイデン大統領就任後の政策

- □ トランプ政権下で離脱した気候変動に関する「パリ協定」に正式に復帰した
- □ アフガニスタンからの米軍撤退を実施。反政府武装勢力タリバンが首都カブールを含む全土を制圧して混乱した
- □ ロシアに侵攻されたウクライナに武器供与などの支援

イッキに CHECK!

■次の問いに答えよ。

☑ **1** 黒人男性が白人警察官に殺害された事件で再燃したのは【　】運動。

BLM
英Black Lives Matter
ブラック・ライブズ・マター

☑ **2** 2021年に米国初の女性副大統領に就任したのは【　】。

カマラ・ハリス
人米1964年生

☑ **3** 米軍撤退により反政府武装勢力【　】がアフガニスタンを制圧。

タリバン
タリバーン、ターリバーンと表記する場合も

5 中東情勢

2023年10月、パレスチナ自治区ガザ地区を実効支配するイスラム組織ハマスのメンバーがイスラエルに侵入して奇襲攻撃を行い、多数のイスラエル人が死亡。イスラエルはガザ地区を空爆し、大規模な軍事衝突に発展した。

イッキに POINT!

●中東各国・地域の情勢は？

□**シリア**（首都：ダマスカス、大統領：アサド）
2014年以降、一部の地域をイスラム国が支配し、EU諸国を目指す難民が増加した。2018年、拘束されていた安田純平氏が解放。2019年イスラム国掃討後に米軍が撤退するが、トルコ軍が侵攻した

□**トルコ**（首都：アンカラ、大統領：エルドアン、宗教：イスラム教スンニ派・アレヴィー派）
シリア北西部でロシア軍と対立していたが、2020年3月に停戦合意。2023年の大統領選挙で現職のエルドアンが再選

□**イラン**（首都：テヘラン、最高指導者：ハメネイ師、大統領：ライシ、宗教：イスラム教シーア派）
2015年に英仏独中露も含めて締結したイラン核合意から、トランプ米大統領は2018年に離脱し制裁を再開。その後、2019年にペルシャ湾のホルムズ海峡付近の船舶攻撃にイラン側が関与したと非難し、2020年1月にイラン革命防衛隊の司令官をドローン攻撃で殺害した

□**パレスチナ**（自治区）（大統領：アッバース）
2004年にアラファトPLO（パレスチナ解放機構）議長の死後、アッバースが暫定自治政府の大統領に就任

□**イスラエル**（首都：エルサレム、宗教：ユダヤ教）
日本を含めた国際社会はエルサレムを首都と認めておらずテルアビブに大使館をおいている。しかし、トランプ米大統領がエルサレムを首都と認めて2018年にアメリカ大使館を移館。また、アラブ諸国と対立してきたが、2020年にUAE（アラブ首長国連邦）、バーレーンと国交正常化に向けて合意した

□**サウジアラビア**（首都：リヤド、国王：サルマン・サウード、宗教：イスラム教スンニ派）
ムハンマド皇太子主導で女性の運転を認めたり観光ビザを導入するなど改革を推進。石油依存からの脱却を目指している。2019年にはイエメンの反政府組織による石油施設の爆撃を受けた。また原油価格低下による経済打撃で消費税を3倍に

□**イラク**（首都：バグダッド、大統領：サリフ、宗教：イスラム教シーア派＝6割・スンニ派＝2割・クルド人（スンニ派）＝2割）
独裁者だったフセイン大統領はイラク戦争後に逮捕され2006年に死刑に。米軍が撤退するとイスラム国(IS)により一部地域が支配され、2015年には誘拐された湯川遥菜氏と後藤健二氏が殺害された。2017年になってイスラム国最大拠点のモスルが陥落して復興のきざしが見えたが、反政府デモが継続するなど混乱している

イッキに CHECK!

■次の問いに答えよ。

□ **1** 2021年にイランの大統領に就任したのは【　】。

ライシ
人 イラン 1960年生。ライースィ、ライーシーと表記する場合も

□ **2** 米国のレーガン大統領は1984年に、イランを【　】国家に指定した。

テロ支援
悪の枢軸（すうじく）と呼んだのは、米国のジョージ・W・ブッシュ大統領

□ **3** イランによる封鎖が憂慮されているのはペルシャ湾の【　】海峡。

ホルムズ

6 中国情勢

NEWS 中国は、新型コロナウイルス感染症に対するゼロコロナ政策で経済が落ち込む中、大手不動産会社が破産するなどバブル崩壊の様相を呈してきた。また、香港、南シナ海、新疆ウイグル自治区、台湾を巡ってアメリカとの対立が深まった。

イッキに POINT!

●中国の概要

- □ **正式名称**：中華人民共和国
- □ **首都**：北京…2008年夏季、2022年冬季五輪の開催地
  （夏季・冬季両方の開催地になった都市は史上初）
- □ **国家主席**：習近平（しゅう・きんぺい、シー・チンピン）
- □ **首相**：李強（り・きょう、リー・チャン）
- □ **国土**：約960万㎢（①ロシア②カナダ③米国についで第4位）
- □ **人口**：約14億人（世界第1位）
- □ **民族**：漢民族（総人口の92％）および55の少数民族
- □ **国内総生産（GDP）**：約18兆1000億ドル（2022年、世界第2位）

●南シナ海の領有問題

- □ **西沙（パラセル）諸島**
  ベトナムとの間で領有権を争っている
- □ **南沙（スプラトリー）諸島**
  中国に加え、台湾、ベトナム、フィリピン、マレーシア、ブルネイが諸島全部または一部の主権を主張。ブルネイを除く5カ国が一部の島を実効支配している。2013年以降、中国が一部の島や岩礁を埋め立てて建物や滑走路を建設したことにより国際問題化した

イッキに CHECK!

■次の問いに答えよ。

□ **1** 2013年3月から中国の国家主席を務めたのは【　】。

習近平
人中よみ しゅうきんぺい

□ **2** 中国が推し進めているユーラシア大陸を結ぶ経済圏の政策は、「一【　】一【　】」。

帯、路

□ **3** 2021年、中国に対抗して米英豪の3カ国は安保同盟【　】を結んだ。

AUKUS（オーカス）
Australia、UK、USの頭文字から

●尖閣諸島とは？

- 東シナ海の石垣島北方にある島しょ群
- 沖縄県石垣市に属する
- 魚釣島、久場島、北小島、南小島、大正島など
- 魚釣島の中国名は釣魚島、台湾名は釣魚台

日本vs中国／台湾
□尖閣諸島
尖閣諸島
石垣島
与那国島
宮古島
西表島

●尖閣諸島問題の経緯

- 1895年：沖縄県への編入を日本政府が閣議決定
- 1951年：サンフランシスコ平和条約によって米国の施政下へ
- 1972年：沖縄返還協定により日本へ返還
- 2010年：中国漁船が海上保安庁の巡視船に衝突する事件発生
- 2012年9月：民有地だった魚釣島、北小島、南小島の3島が日本国へ所有権移転。中国国内で大規模な反日デモに
- 2013年11月：中国が尖閣諸島を含む防空識別圏（区）を設定

●香港民主化をめぐる動き

- 1842年：アヘン戦争後の南京条約で英国領に
- 1997年：英国から中国へ返還。1国2制度で民主政治を維持
- 2019年：逃亡犯条例改正に抗議する大規模デモが起こった
- 2019年11月:香港区議会選で民主派が8割以上の議席を占める圧勝
- 2020年6月:香港国家安全維持法が成立。民主派が逮捕
- 2020年7月:米国で中国関係者などを制裁する香港自治法が成立

●台湾をめぐる動き

- 1972年：ニクソン大統領の訪中により中華民国（台湾）と外交断絶
- 2022年：ペロシ米下院議長の台湾訪問により中国が反発

●新疆ウイグル自治区とは？

- 中国北西部にあるイスラム教を信仰するウイグル人などが多く住む地域
- 東トルキスタン共和国として建国する動きがあったが1955年に中国の自治区に
- 独立を目指す動きに対して中国共産党政権が厳しく弾圧。少数民族に対する弾圧や強制収容所の存在が疑われ、国際問題に

☑ 4	中国や台湾が領有を主張している石垣島の近くの島は【　】諸島。	尖閣 2010年9月に中国漁船衝突事件。2012年に反日デモ
☑ 5	【4】が属しているのは、日本の【　】県【　】市。	沖縄、石垣
☑ 6	中国に返還された香港では、【　】国【　】制度がとられた。	一、二

7 韓国情勢

NEWS 2022年に行われた韓国大統領選挙で、保守系政党「国民の力」の尹錫悦が、革新系政党「共に民主党」の李在明を破って当選。元徴用工への賠償金を韓国の財団による肩代わりを決めるなど、日米との関係改善を進めた。

イッキにPOINT!

●韓国とは？

- □正式名称：大韓民国
- □首都：ソウル
- □大統領：尹錫悦（ユン・ソンニョル）
- □与党：国民の力
- □国土：約10万km²
- □人口：約5163万人
- □国内総生産（GDP）：1兆7978億ドル
- □日本統治時代：1910年〜1945年

●日韓請求権協定とは？

- □正式名称：財産及び請求権に関する問題の解決並びに経済協力に関する日本国と大韓民国との間の協定
- □締結年：1965年　□朴正煕大統領
- □のちに、いわゆる徴用工や従軍慰安婦に対する個人補償が含まれるのかが日韓で争われている

●徴用工問題とは？

- □日本統治下において日本企業の募集や徴用により労働した元朝鮮人労働者や家族による訴訟問題。日本政府は徴用工ではなく「旧朝鮮半島出身労働者」と呼んでいる
- □2018年、文在寅（ムン・ジェイン）政権下で韓国大法院（最高裁に相当）が日本企業に賠償を命じる判決を出したが、日本政府は1965年の日韓請求権協定で解決済みとし、外交問題に発展

イッキにCHECK!

■次の問いに答えよ。

☑ 1	2022年に就任した韓国大統領は【　】。	尹錫悦 人 韓 よみ ユン・ソンニョル
☑ 2	日韓間の軍事情報に関する包括的保護協定の略称は【　】。	GSOMIA 英 General Security of Military Information Agreement
☑ 3	日韓請求権協定が締結されたのは【　】年。	1965

□ 尹錫悦政権になり韓国の財団が賠償金を肩代わりすることに

●従軍慰安婦問題とは？
□ 韓国や中国の活動家が、日本統治下の朝鮮や戦時中の中国の女性を強制連行して従軍慰安婦にしたとして抗議活動を行い、従軍慰安婦像を韓国を始めとした日本大使館前や公園に設置したことが外交問題となった

●竹島とは？
□ 日本海の南西部に位置する島
□ 島根県隠岐の島町に属する
□ 女島（東島）、男島（西島）と呼ばれる2つの島と周辺の37の岩礁からなる
□ 韓国・北朝鮮では独島（トクト）
□ 第三国ではリアンクール島とも

●竹島問題の経緯
□ 1905年：日本政府が閣議で竹島と命名、島根県に編入した
□ 1910年：日本が韓国を併合（日韓併合）
□ 1945年：終戦
□ 1948年：李承晩氏が大韓民国建国を宣言し初代大統領に
□ 1951年：サンフランシスコ平和条約に49カ国が署名
□ 1952年：李承晩大統領が李承晩ラインを宣言し、竹島領有を主張、実効支配を始める
□ 1965年：日韓国交正常化
□ 2005年：島根県が2月22日を「竹島の日」に制定
□ 2012年：李明博大統領（当時）が竹島を訪問
□ 2019年：中国・ロシアの爆撃機による初の長距離合同パトロールと称して、ロシア機が竹島周辺の日韓がともに主張する領空を侵犯

☑	4	竹島は、韓国では【　】と呼ばれている。	独島 よみ トクト
☑	5	竹島は【　】県に属するとする日本の閣議決定がなされた。	島根 1905年
☑	6	2012年、韓国の【　】大統領が現職大統領として初めて竹島を訪れた。	李明博 人韓 よみ イ・ミョンバク

8 北朝鮮情勢

NEWS
2019年の米朝首脳会談決裂以降、北朝鮮は対外的な威嚇を繰り返している。2020年6月には開城工業団地の韓国との共同連絡事務所を爆破。その後も、迎撃が難しいロフテッド軌道のミサイルなどを繰り返し発射している。

イッキに POINT!

●北朝鮮とは？ ※北朝鮮自体は「北朝鮮」という略称を認めていない

- □ 正式名称：朝鮮民主主義人民共和国
- □ 英語表記：DPRK（Democratic People's Republic of Korea）
- □ 首都：平壌（ピョンヤン、へいじょう）

〈覚えておきたい地名〉
- □ ❶板門店（パンムンジョム）：軍事境界線
- □ ❷寧辺（ヨンビョン）：核施設
- □ ❸開城（ケソン）：韓国との合弁工業団地
- □ ❹延坪（ヨンピョン）島：北朝鮮が砲撃した韓国の島

〈最高指導者〉
- □ 金日成（キム・イルソン）国家主席【祖父】（1994年没）
- □ 金正日（キム・ジョンイル）総書記【父】（2011年没）
- □ 金正恩（キム・ジョンウン）第一書記【子】（2012年就任）
  →2021年に総書記に就任

〈覚えておきたいキーワード〉
- □ 金与正（キム・ヨジョン）：金正恩の妹で実質第2位の権力者と見られる
- □ 金正男（キム・ジョンナム）：金正恩の異母兄で2017年にマレーシアで暗殺死
- □ 日朝首脳会談（2002年9月。小泉純一郎首相と金正日総書記）
- □ 6カ国協議：北朝鮮、中国、米国、ロシア、韓国、日本
- □ 主体（チュチェ）思想：朝鮮労働党の政治思想
- □ KEDO（朝鮮半島エネルギー開発機構、核代替エネルギーの提供）

主要都市

北朝鮮
首都：平壌

❷平壌★ 軍事境界線
❸❶
❹ ★（北緯38度線）
ソウル

大韓民国（韓国）
首都：ソウル

イッキに CHECK!

■次の問いに答えよ。

☑ 1 金正日の後継者は、その三男で第一書記となった【　　】。

金正恩
人 朝鮮 よみ キム・ジョンウン
2021年に総書記に就任

☑ 2 北朝鮮と韓国の境界線になっているのは北緯【　　】度線。

38
日本では佐渡島（新潟）を通る

☑ 3 2018年に史上初めて、アメリカと北朝鮮の首脳会談が行われた場所は【　　】。

シンガポール

9 国際紛争・地域紛争

NEWS

2021年、アフガニスタンから米軍が撤退すると反政府武装勢力のタリバンが全土を制圧。2022年、経済危機に陥ったスリランカではデモが激化し、ラジャパクサ大統領は国外脱出。2023年には西アフリカ諸国でクーデターが相次いだ。

イッキに POINT!

●世界の紛争や問題は？

- □ ベラルーシ問題 P.64
  2020年、ソ連からの分離独立以降、独裁政権を続けてきたルカシェンコ大統領の再選に対する抗議デモが起きて、混乱。2021年の東京2020オリンピックでは、ベラルーシ陸上選手チマノウスカヤが、ポーランドに亡命

- □ アフガニスタン問題 P.8
  2011年、パキスタン・イスラマバード郊外にて国際テロ組織アルカイーダの指導者ビン・ラディンが、米軍の軍事行動により死亡。2021年、米軍の撤退で反政府武装勢力タリバンが首都カブールを含めた全土を制圧

- □ 中印国境紛争
- □ メキシコ麻薬問題
  メキシコでの政府と麻薬組織との対立
- □ イラン核問題 P.9
- □ 北朝鮮核問題／拉致問題 P.14
- □ イラク問題 P.9
- □ 香港民主化デモ P.11
- □ 南シナ海領有問題 P.10
- □ 西アフリカでの軍事クーデター
  旧フランス植民地のマリ・ブルキナファソ・ニジェールで軍事クーデターが相次いだ
- □ スリランカ経済危機
  インフラ整備のために対外債務が増加し、外貨不足で輸入が滞って経済危機となったスリランカ (首都：スリ・ジャヤワルダナプラ・コッテ) では、民衆デモが激化し、ラジャパクサ大統領は国外脱出した
- □ パレスチナ問題 P.9
- □ サウジアラビア石油施設爆撃 P.9
- □ リビア内戦
  独裁政権の崩壊後、暫定政権を支持するトルコと東部軍事組織を支援するロシアが対立
- □ 南スーダン紛争
  スーダン政府の支援を受けた民兵組織 (ジャンジャウィード) によって大量虐殺 (ジェノサイド) が起こったが、2011年7月に南スーダンとして独立、193番目の国連加盟国となった

イッキに CHECK!

■次の問いに答えよ。

☑ 1 自衛隊の日報問題が起きた【　】(国)では、2018年に内戦当事者による和平協定が調印された。
南スーダン
首都：ジュバ

☑ 2 2022年、経済危機になった【　】(国)ではラジャパクサ大統領が国外脱出した。
スリランカ
首都：スリ・ジャヤワルダナプラ・コッテ

☑ 3 東京五輪2020で来日した【　】(国)の女子陸上選手が亡命した。
ベラルーシ
チマノウスカヤ選手がポーランドへ亡命

10 経済協定

NEWS 2020年1月に日米貿易協定が発効。TPPを離脱した米国との二国間で、農産物や工業製品の関税が撤廃・削減された。一方で、2023年には英国のTPP加盟が正式に承認された。

イッキに POINT!

● FTA、EPAとは？

☐ **FTA：自由貿易協定**（Free Trade Agreement）
…特定の国や地域との間で関税や規制を減らし、通商を自由化する条約

☐ **EPA：経済連携協定**（Economic Partnership Agreement）
…自由貿易協定（FTA）を柱として、関税撤廃など通商上の目的のほか経済取引の円滑化や連携などを含めた条約
…日本のEPA締結国：シンガポール、メキシコ、マレーシア、チリ、タイ、インドネシア、ブルネイ、ASEAN、フィリピン、スイス、ベトナム、インド、ペルー、オーストラリア、モンゴル、EU、TPP11、米国、英国、RCEP

● TPP、日米貿易協定、RCEPとは？

☐ **TPP：環太平洋パートナーシップ協定または環太平洋戦略的経済連携協定**
(Trans-Pacific Partnership またはTrans-Pacific Strategic Economic Partnership Agreement)
☐ 環太平洋の加盟国による経済自由化を目指す経済連携協定
☐ 2018年に、原加盟国のシンガポール、ブルネイ、チリ、ニュージーランドに加えて、日本、オーストラリア、マレーシア、ペルー、ベトナム、カナダ、メキシコの11カ国で発効した。米国はトランプ大統領就任後に離脱
☐ 2021年9月、中国、台湾が加盟申請。2023年7月、英国の加盟を承認
☐ **日米貿易協定**：日本とTPPを離脱した米国との2国間貿易協定
☐ **RCEP：東アジア地域包括的経済連携**
(Regional Comprehensive Economic Partnership)
☐ ASEAN（東南アジア諸国連合）に日本、中国、韓国、オーストラリア、ニュージーランドを含めた経済連携の枠組み。締結交渉中にインドが脱退

イッキに CHECK!

■次の問いに答えよ。

☐ **1** 経済連携協定の略称は？
EPA
英 Economic Partnership Agreement

☐ **2** 環太平洋パートナーシップ協定の略称は？
TPP
英 Trans-Pacific Partnership

☐ **3** 中国主導で設立が進められたアジアインフラ投資銀行を何と呼ぶ？
AIIB
英 Asian Infrastructure Investment Bank

11 軍縮

NEWS 2017年に核兵器禁止条約が批准されたが、米露中など核保有国や日韓などは不参加に。また、米国はトランプ政権下でINF廃棄条約を破棄。バイデン政権になると核軍縮再開の意向を示したが、ウクライナ戦争により進展しなかった。

イッキに POINT!

●軍縮とは？
☐ 軍隊の兵器、人員などの削減・撤廃を行い、規模を縮小すること

●軍縮に関わる用語

☐ **NPT** (Nuclear Non-Proliferation Treaty)：**核不拡散条約。核拡散防止条約**ともいう。核保有国以外に核を拡散することを防止するための条約
  - ☐ NPTで定められた核保有国＝国連**安全保障理事会常任理事国**と同じ
    - ☐ 米国 ☐ 英国 ☐ フランス ☐ ロシア ☐ 中国
  - ☐ 2022年、運用会議に岸田文雄首相が日本首相初の参加

☐ **IAEA** (International Atomic Energy Agency)：**国際原子力機関**。原子力の平和利用を促進し、軍事利用を監視する機関。

☐ **CTBT** (Comprehensive Nuclear-Test-Ban Treaty)：**包括的核実験禁止条約**。地下も含む全空間での核実験を禁止する条約

☐ **ICBM** (Intercontinental Ballistic Missile)：**大陸間弾道ミサイル**。射程が長距離で大陸間を横断できるミサイルのこと

☐ **INF** (Intermediate-range Nuclear Forces)：**中距離核戦力**。2019年、米トランプ大統領がINF廃棄条約を破棄

☐ **核兵器禁止条約**：核兵器の開発・実験・保持・使用・使用の威嚇などを禁じる条約。2017年に採択され、2021年に発効した

☐ **新START**：米露間の「新戦略兵器削減条約」のこと。バイデン政権になった2021年の失効直前に5年延長された

イッキに CHECK! ■次の問いに答えよ。

☐ **1** NPTとは、【　】条約のこと。
→ **核不拡散**
核拡散防止条約とも

☐ **2** CTBTとは、【　】条約のこと。
→ **包括的核実験禁止**
地下の実験も含む

☐ **3** 【　】米元大統領は2009年ノーベル平和賞を受賞。
→ **バラク・オバマ**
人 米 1961年生。チェコの首都プラハで「核なき世界」を目指す演説を行った

12 新型コロナウイルス感染症

月 日

NEWS 新型コロナウイルス感染症は、全世界的流行であるパンデミックに発展し、全世界で政治・経済に大きな影響を与えた。しかし、2023年5月に、日本政府は感染症法での扱いを2類感染症から5類感染症相当に改めて、各種規制を緩めた。

イッキに POINT!

●コロナウイルスとは？

- □ 表面に脂質二重膜の「エンベロープ」を持つ「一本鎖RNAウイルス」のひとつ
- □ 電子顕微鏡で観察すると、エンベロープにコロナ（ギリシャ語で王冠の意味）状の突起（スパイク）が見えるので、コロナウイルスと名付けられた
- □ ヒトのみならず、イヌ、ネコ、ウシ、ブタ、ニワトリ、コウモリ、ラクダのような動物が日常的に感染する

一本鎖RNA　スパイク　エンベロープ（脂質二重膜）

- □ 「ヒトコロナウイルス」は、ヒトの風邪や呼吸器疾患の原因のひとつ
- □ 宿主（ヒトなど）の体内に入ると、コロナウイルスはエンベロープのスパイクを宿主の細胞の受容体と結合させて細胞内に侵入し、自分のコピーを増殖させる
- □ エンベロープは油脂なので、アルコールや有機溶媒で不活化（感染性を無くすこと）できる
一方で、エンベロープを持たないノンエンベロープウイルスのひとつであるノロウイルスは、アルコールでは不活化できず、次亜塩素酸ナトリウム（漂白剤の一種）などでの消毒が必要

イッキに CHECK!

■次の問いに答えよ。

□ 1	新型コロナウイルス感染症の英語略称は【　】。	COVID-19
□ 2	【1】の原因となるウイルスの英語略称は【　】。	SARS-CoV-2
□ 3	WHOの【　】事務局長は【3】のパンデミック宣言を行った。	テドロス 人 エチオピア 1965年生

●新型コロナウイルス感染症とは？

- □2019年12月に中国・湖北省武漢から流行が始まった7番目の新型ヒトコロナウイルスによる感染症
- □ウイルス名：新型コロナウイルス（SARS-CoV-2）
- □感染症名：新型コロナウイルス感染症
  （COVID-19：coronavirus disease 2019）
  - □2020年2月11日に、WHO（世界保健機関）がCOVID-19を今回の感染症の正式名称とした
- □アジアに留まらず全世界に拡がり、WHOのテドロス事務局長は2020年3月11日に「パンデミック」（世界的大流行）と宣言した
- □日本政府は、感染症法上において、それまで「新型インフルエンザ等感染症」として「2類感染症」相当として扱ってきたが、2023年5月から「5類感染症」に格下げして、一律に感染症対策を求めることをやめた。

●関連用語

クラスター （cluster）	本来は英語で「集団」や「群れ」の意味 COVID-19では、小規模な集団感染を指す
インフォデミック （infodemic）	情報（information）と流行（epidemic）を組み合わせた造語。うわさやデマなどを含む情報が氾濫すること
ソーシャルディスタンシング （social distancing）	感染を防ぐために、社会的な距離を置くこと
集団免疫	感染症に対して多くの人が免疫を獲得した状態
3密	感染拡大を防ぐために、個人が避けるべき「密閉」「密集」「密接」のこと。WHOも3C（Closed spaces、Crowded places、Close-contact settings）として提唱した
PCR検査	ポリメラーゼ連鎖反応により遺伝情報を増幅して病原体の有無を判定する検査方法
免疫	体内に侵入したウイルスなどの異物を識別して抵抗する仕組みのこと
抗原	ウイルスなど免疫応答を引き起こす物質のこと
抗体	抗原を体外へ排除するために作られる免疫グロブリンというたんぱく質の総称
mRNA （メッセンジャー RNA） ワクチン	新型コロナウイルスのスパイクタンパク質の設計図となるmRNAを接種し、体内でスパイクタンパク質を作って中和抗体産生や細胞性免疫応答を誘導するワクチン
2類感染症	感染症法において、1類感染症に次いで重篤性が高いとされる感染症。ジフテリア、重症急性呼吸器症候群（SARS）、H5N1型鳥インフルエンザなど
5類感染症	感染症法において、発生動向調査を行い、国民や医療関係者に情報提供する感染症。（鳥インフルエンザ・新型インフルエンザ等を除く）インフルエンザ、梅毒、麻しんなど。2023年5月から新型コロナウイルス感染症も

13 過去のパンデミック・流行病

NEWS 2014年に日本国内でデング熱患者が発生。また、2015年には韓国でMERS（中東呼吸器症候群）が、2016年には南米でジカ熱が流行。日本でもサル痘患者が発生した。

イッキに POINT!

●パンデミックとは？

□ 世界的に数多くの感染者や患者が発生する病気の流行。またはその流行病

〈流行病の規模による分類〉

- □ **エンデミック**【地域流行】：地域的に狭い範囲で患者数も少なく拡大速度も遅い
- □ **エピデミック**【流行】：感染地域や患者数の規模が拡大
- □ **パンデミック**【汎発流行】：さらに流行規模が拡大し、世界的、汎発的に患者が発生

〈パンデミックの歴史〉

- □ **ペスト**（黒死病）：14世紀。ネズミなどが持つペスト菌が原因
- □ **スペイン風邪**：1918年頃。西部戦線で流行。死者5千万人とも

●日本で話題となった流行病（代表例）

流行病	時期	地域	特徴
SARS（重症急性呼吸器症候群）	2002年頃	アジア東部	SARSコロナウイルスによる、新型肺炎とも呼ばれた感染症
豚由来新型インフルエンザ	2009年頃	メキシコ	メキシコが発生源とされる豚由来のインフルエンザウイルス（H1N1型）によるインフルエンザ
エボラ出血熱	2014年頃	西アフリカ	エボラウイルスによる致死性の高い急性熱性疾患。発病者がでた地域のエボラ川が語源
デング熱	2014年頃	日本	デングウイルスを蚊が媒介して流行。東京都の代々木公園周辺で感染者が発生
MERS（中東呼吸器症候群）	2015年頃	中東・韓国	MERSコロナウイルスが原因で中東地域で流行していたが、韓国でも流行して話題に

イッキに CHECK!

■次の問いに答えよ。

☑ **1** 世界的・汎発的に流行した疫病やその状態を【　】と呼ぶ。
→ パンデミック

☑ **2** 14世紀にヨーロッパで発生したペストは【　】病とも呼ばれた。
→ 黒死
皮膚が黒くなったことから

☑ **3** 2015年に韓国で流行したMERSの日本語名称は【　】。
→ 中東呼吸器症候群

14 新エネルギー・新資源

NEWS 2022年にロシアがウクライナに侵攻すると、ロシアからの天然ガス供給に依存する欧州各国では、エネルギーの供給が不安定になり価格が暴騰。石油・石炭・原子力から脱却し、新エネルギーへの転換を進める動きにブレーキがかかった。

イッキに POINT!

●シェールガスとは？
- 地中の頁岩(けつがん＝シェール)層から採取される天然ガス
- 岩石に人工的に割れ目を作って取り出す技術が開発され、採取可能に
- 米国の天然ガス生産は、ロシアを超えて世界最大になった
- 採取時に注入する薬品による地中や地下水の汚染が懸念されている

●メタンハイドレートとは？
- メタンガスと水分子が結合してできた、氷状の結晶になった物質
- 低温かつ高圧の状態である永久凍土の地下や海底下に存在する
- 日本近海の海底下にも豊富に存在するとみられるが、まだ産業化されておらず、採算の取れる技術開発が求められている

●固定価格買取制度（FIT）とは？
- 再生可能エネルギーで発電した電気を、電力会社が一定価格で一定期間買い取る制度
- 買取費用は電気利用者への賦課金から捻出しており、10年間の買取契約が2019年から順次満了することになった

●その他の新エネルギー
- バイオエタノール：サトウキビなど植物由来のアルコール系燃料
- バイオマス：植物、廃材、家畜の排泄物などの生物資源
- 燃料電池：水素と酸素の化学反応で電気を起こす装置
- コジェネレーション：ガスなどによって電気と熱を同時に供給
- 核融合発電：核融合反応で発電する技術を各国で開発中

イッキに CHECK!

■次の問いに答えよ。

☐ **1** 環境や気候に悪影響を与える廃棄物を排出しないことを【　】と呼ぶ。
→ **ゼロ・エミッション**
英zero emission

☐ **2** 地中の頁岩層から採取される天然ガスを【　】ガスと呼ぶ。
→ **シェール**
英shale gas

☐ **3** 地下や海底に存在するメタンガスと水分子が結合してできた氷状の物質を、メタン【　】と呼ぶ。
→ **ハイドレート**
英methane hydrate

15 地球温暖化・SDGs

月　日

NEWS
日本政府は、2020年に、温室効果ガス排出を実質ゼロにするカーボンニュートラルを2050年までに達成することを表明。米国は、2021年にバイデン大統領が就任すると、トランプ政権下で離脱したパリ協定へ正式復帰した。

イッキに POINT!

●地球温暖化とは？

□ 温室効果ガス（二酸化炭素、メタンなど）の増加により地球の熱が宇宙に逃げず、地球の気温が上昇する現象

〈地球温暖化による問題〉
□氷の融解による海面上昇　□洪水や竜巻などの異常気象　□大陸内陸部の乾燥化、砂漠化
□気温上昇による生態系の破壊や、病害虫・風土病の発生

●地球温暖化防止への取り組み

□ **COP**：気候変動枠組条約締約国会議

　□1992年、リオデジャネイロで気候変動枠組条約の締結
　□1997年、京都で開催されたCOP3の「京都議定書」で各国の温室効果ガスの削減目標を決定。□2011年、「25～40%削減」の目標が明記された
　□2013年のCOP19で、2020年以降の削減目標は各国が自主的に決めることになり、日本は2020年の削減目標を－3.8%（2005年比）とした
　□2015年のCOP21では、産業革命前からの気温上昇を2℃より低く抑え（努力は1.5%）、21世紀後半に温室効果ガスの排出をゼロにする「パリ協定」が結ばれたが、米国はトランプ政権下で離脱。
　しかし、バイデン大統領就任後の2021年に正式復帰した

□ **IPCC**：気候変動に関する政府間パネル

　□世界気象機関（WMO）と国連環境計画（UNEP）によって設立された、地球温暖化に関わる科学的な研究成果、データの収集・整理をするための政府間機構

□ **排出権取引**：排出減を達成した組織の排出量を、達成していない組織が金銭で買う取引のしくみ

イッキに CHECK!

■次の問いに答えよ。

☑ **1** 地球温暖化の原因となる二酸化炭素、メタンなどの気体の総称は【　】ガス。

温室効果

☑ **2** 「気候変動枠組条約締約国会議」を略して【　】と呼ぶ。

COP
英 Conference of the Parties

☑ **3** 「気候変動に関する政府間パネル」を略して【　】と呼ぶ。

IPCC
英 Intergovernmental Panel on Climate Change

22

●脱炭素化・カーボンニュートラルとは?

□**脱炭素化**:地球温暖化の要因となっている二酸化炭素をはじめとする温室効果ガスの排出を抑えること

□**カーボンニュートラル**(炭素中立/Carbon Neutrality):
脱炭素化の一環として、温室効果ガスの「排出量」から、森林などによる「吸収量」を差し引いて、合計を実質的にゼロにすること

●SDGsとは?

□**SDGs**(エスディージーズ/Sustainable Development Goals):
2030年までに達成すべき「持続可能な開発目標」のことで、2015年の国連サミットで採択された

□**グローバル・ゴールズ**(Global Goals)とも呼ばれる

《SDGsの17の目標》

1. 貧困をなくそう
2. 飢餓をゼロに
3. すべての人に健康と福祉を
4. 質の高い教育をみんなに
5. ジェンダー平等を実現しよう
6. 安全な水とトイレを世界中に
7. エネルギーをみんなに　そしてクリーンに
8. 働きがいも経済成長も
9. 産業と技術革新の基盤をつくろう
10. 人や国の不平等をなくそう
11. 住み続けられるまちづくりを
12. つくる責任　つかう責任
13. 気候変動に具体的な対策を
14. 海の豊かさを守ろう
15. 陸の豊かさも守ろう
16. 平和と公正をすべての人に
17. パートナーシップで目標を達成しよう

☑ **4** 温室効果ガスの排出量と吸収量のバランスをとることを【　　】と呼ぶ。

☑ **5** 持続可能な開発目標のことを【　　】と呼ぶ。

☑ **6** 【2】は、【　　】とも呼ばれる。

カーボンニュートラル
英Carbon Neutrality
日本語では「炭素中立」

SDGs
英Sustainable Development Goals

グローバル・ゴールズ
英Global Goals

---

1 最新時事ワード

2 業界別キーワード

人物ファイル

16 国内政治

NEWS 2021年の岸田内閣発足後に行われた衆議院選挙では、与党の自民党が議席を減らしたものの単独過半数を維持。一方、野党では立憲民主党が議席を減らし、日本維新の会が躍進した。

イッキに POINT!

●戦後日本の政権交代は？

□基本的に自民党政権が長く続いているが例外もある
- □ 片山　哲(1947～1948年)：戦後初の社会党首相
- □ 細川　護熙(1993～1994年)：日本新党代表
- □ 村山　富市(1994～1996年)：自民・新党さきがけ・社会党連立政権
- □ 鳩山由紀夫(2009～2010年)：民主党を中心とする連立政権
- □ 安倍　晋三(2006～07,12～20年)：自民党。憲政史上通算・連続最長

●2022年(7月10日投票)参議院選挙のポイントは？

- □定数を245議席に増加(令和4年7月26日以降は248議席)
- □個人の得票数に関わりなく政党が作成した特定枠名簿の登載者の上位者が当選する**特定枠**を2019年から導入。
- □7月8日に奈良市で応援演説中の**安倍晋三**元首相が銃撃され死亡

●日本の衆議院解散の手続きとは？

- □**内閣**の助言と承認により、**天皇**が行う**国事**行為の一つ
  - □①**内閣総理大臣**が、閣議で閣議決定書に閣僚全員の署名を得る
  - □②**天皇**と**内閣総理大臣**が、解散詔書に署名(押印)する
  - □③**衆議院**本会議において、議長が解散を宣言する
- □解散の日から40日以内に衆議院議員総選挙を行う
- □総選挙の日から30日以内に国会(特別国会)を召集する

イッキに CHECK!

■次の問いに答えよ。

□ 1	1993年に細川護熙が首相になったとき【　】党代表であった。	日本新
□ 2	英国の二大政党は【　】党と【　】党である。	保守、労働 (順不同)
□ 3	衆議院を解散した後、【　】日以内に総選挙を行う。	40

17 歴代首相

2021年9月、衆議院選挙を控える中、自民党総裁選が行われたが、菅義偉首相は不出馬。岸田文雄が勝利して第100代内閣総理大臣に就任した。2022年7月には、奈良市で参議院選挙の応援演説中だった安倍晋三元首相が暗殺された。

イッキに POINT!

●戦後日本の主な内閣総理大臣は？

首相	期間	主な内容
□吉田　茂	1946〜47、48〜54年	日本国憲法制定、バカヤロー解散
□片山　哲	1947〜48年	戦後初の社会党首相
□池田　勇人	1960〜64年	国民所得倍増計画
□田中　角栄	1972〜74年	日中国交正常化・日本列島改造論
□中曽根康弘	1982〜87年	初の靖国神社公式参拝
□竹下　登	1987〜89年	消費税スタート
□細川　護熙	1993〜94年	日本新党代表として政権交代を実現
□村山　富市	1994〜96年	自民・新党さきがけ・社会党連立政権
□橋本龍太郎	1996〜98年	消費税を5%に引き上げ
□小泉純一郎	2001〜06年	北朝鮮拉致被害者帰国・郵政民営化
□安倍　晋三	2006〜07年	参議院議員選挙で与野党逆転
□福田　康夫	2007〜08年	福田赳夫の長男・初めて親子2代で首相
□麻生　太郎	2008〜09年	吉田茂の孫
□鳩山由紀夫	2009〜10年	民主党を中心とする連立政権
□菅　直人	2010〜11年	東日本大震災
□安倍　晋三	2012〜20年	アベノミクスによる経済回復、平和安全法制（安全保障関連法とも呼ぶ）の制定
□菅　義偉	2020〜21年	安倍晋三の持病悪化による交代（元内閣官房長官）
□岸田　文雄	2021年〜	安倍元首相暗殺・G7広島サミット開催

イッキに CHECK!

■次の問いに答えよ。

□ **1** 安倍晋三首相の母方の祖父で第56、57代総理大臣だったのは【　】。

岸　信介
人日 よみ きしのぶすけ
1896年生〜1987年没

□ **2** 戦後初めて、社会党系で首相になったのは【　】首相。

片山　哲
人日 よみ かたやまてつ 1887年生
〜1978年没。村山富市ではない

□ **3** 安倍晋三首相は、2019年11月に【　】を抜いて通算最長の首相在職日数に。

桂　太郎
人日 よみ かつらたろう　1848年生
〜1913年没。在職日数2886日

18 憲法・法令・条約

NEWS 民法改正で2022年4月1日から成年年齢が20歳から18歳に。クレジットカードやローンの契約、外国人帰化、性別変更請求、10年パスポート申請、医師資格取得、裁判員参加が18歳から可能。女性の結婚も18歳からに。

イッキに POINT!

●憲法第九六条第一項の憲法改正の手順とは？

- □ **各議院**の**総議員**の**3分の2**以上の賛成で、**国会**が**発議**
  - □ 2013年、安倍晋三首相が発議要件の「**過半数**」への改正を表明
- □ 特別の**国民投票**または国会の定める**選挙**で、**過半数**の賛成が必要

●国民投票法とは？ 2014年にどう改正された？

- □ 正式名称:日本国憲法の改正手続に関する法律

〈どんなことが定められた？〉

【憲法改正原案の提出】
- □ 衆議院議員**100名**以上、参議院議員**50名**以上の賛成

【憲法改正の国会発議】
- □ 各議院の総議員の**3分の2**以上の賛成

【国民投票】
- □ 期日:国会による改正案の発議後、60日以上180日以内
- □ 投票権者:**18歳以上**
- □ 投票方法:印刷された「賛成」または「反対」の文字に○
- □ 過半数の定義:**有効投票総数**（賛成票と反対票の合計）の過半数

【その他の特徴】
- □ **最低投票率**制度は設けない
- □ 公務員や教育者の地位を利用した投票運動を禁止
  - →【2014年の改正】**裁判官**などを除き、改憲賛否勧誘を容認
- □ テレビ・ラジオによる**コマーシャル**は投票日の2週間前から禁止

イッキに CHECK!

■次の問いに答えよ。

□ **1**	憲法上、国会は各議院の総議員の【　】以上の賛成で憲法改正を発議できる。	**3分の2** 憲法第九六条第一項
□ **2**	国民投票法では、憲法改正原案提出は衆議院【　】名以上、参議院【　】名以上の賛成が必要。	**100、50**
□ **3**	改正国民投票法によって、憲法改正の投票権者は2018年から【　】歳以上になった。	**18**

●裁判員制度とは？

□市民が**裁判員**として刑事裁判に参加。無罪・有罪と量刑を決定
　⇒米国の陪審員は、量刑を決定しない
□裁判員(18歳以上)6名と裁判官3名の計9名で構成される
□評決は**全員一致**が原則だが、結論がでない場合は**多数決**
□多数決の場合、有罪の判断には裁判員と裁判官のそれぞれ1名
　以上の賛成が必要。裁判員だけでは有罪にできない
□裁判を迅速化するために、証拠や争点をあらかじめ絞り込む**公
　判前整理手続**が行われる

●改正少年法とは？

□**少年法**:未成年の非行の処罰方法などについて定めた法律
□2000年の大改正で、**刑事罰**対象を16歳以上から**14歳以上に引
　き下げ**。2014年改正で、有期刑上限を**20年**にするなど厳罰化
□2021年改正で、18歳・19歳を**特定少年**と位置付けて実名報道も
　可能に

●改正民法とは？

□**民法**は、私人の契約などを定めた法律。**財産**法と**家族**法からなる
□主な改正点
　財産法:契約約款・連帯保証・敷金などについて
　家族法:相続に関して、故人の配偶者居住権や、介護等で貢献の
　あった人の相続の権利を認めた

●ハーグ条約とは？

□ハーグ条約:国際的な**子の奪取**の民事上の側面に関する条約

●GSOMIAとは？

□**GSOMIA** (General Security Of Military Information Agreement)：
　軍事情報に関する包括的保護協定のこと。2019年8月、韓国の
　文在寅大統領は、日本から韓国への輸出管理強化に対抗し
　て日韓GSOMIAの延長破棄を通告したが、期限直前に撤回した

☑ **4**	行政府内における法令案の審査を行うのは、内閣【　】局。	**法制**
☑ **5**	少年法によって刑事罰を受ける対象は【　】歳以上。	**14**
☑ **6**	国際結婚における児童連れ去りを防止するのは【　】条約。	**ハーグ** オランダのハーグで採択された

19 平和安全法制

2015年9月、法案反対のデモが行われる中、安全保障関連法とも呼ばれる平和安全法制関連2法（平和安全法制整備法、国際平和支援法）が成立、2016年3月に施行された。

イッキに POINT!

●平和安全法制（安全保障関連法）とは？

□2015年9月、安全保障関連法とも呼ばれる平和安全法制関連2法（平和安全法制整備法、国際平和支援法）が成立

□**平和安全法制整備法**
「我が国及び国際社会の平和及び安全の確保に資するための自衛隊法等の一部を改正する法律」…①自衛隊法、②国際平和（PKO）協力法、③周辺事態安全確保法（重要影響事態安全確保法に改正）、④船舶検査活動法、⑤事態対処法、⑥米軍行動関連措置法（米軍等行動関連措置法に改正）、⑦特定公共施設利用法、⑧海上輸送規制法、⑨捕虜取扱い法、⑩国家安全保障会議（NSC）設置法の10法の改正案を1つにまとめたもの

□**国際平和支援法**
「国際平和共同対処事態に際して我が国が実施する諸外国の軍隊等に対する協力支援活動等に関する法律」…新しくつくられた法律

●平和安全法制関連2法によって何が変わった？

□集団的自衛権を認める
□在外邦人の保護措置を認める
□米軍等の武器等の防護のための武器使用が可能
□「周辺事態」の定義から「我が国周辺の地域における」を削除　など

イッキに CHECK!

■次の問いに答えよ。

□**1** 平和安全法制関連2法とは【　】法と【　】法のこと。
　　平和安全法制整備、国際平和支援

□**2** 【　】権とは攻撃を受けた国以外の第三国が共同で防衛すること。
　　集団的自衛

□**3** 【　】保障とは、集団内の平和を破壊した国を集団制裁する体制。
　　集団安全

20 消費税

NEWS 2019年10月に消費税が10％に上がったが、飲食料品（酒類、外食、ケータリング等を除く）と新聞は8％の据え置きに。2023年には適格請求書がない仕入の税額控除ができない「インボイス制度」が始まることになった。

イッキにPOINT!

●消費税とは？
- 消費一般に広く公平に課税する**間接**税。**地方消費**税が含まれる
- 消費税は**事業**者が販売する商品やサービスの価格に含まれて次々に転嫁され、最終的に消費者が負担することになる
   - 消費税の負担 ＝ 消費者、　申告・納付する ＝ 事業者
- 基準期間の課税売上高が1000万円以下の事業者は免税
- 2023年から、インボイス制度が導入された
   - インボイス（適格請求書）を発行しない仕入先の仕入れ額が控除できない

●消費税の歴史は？
- **消費税の導入（3％）**　※すべて国税
   - 1988年（昭和63年）12/24：竹下登内閣　消費税法成立、公布（12/30）
   - 1989年（平成元年）4/1　：竹下登内閣　消費税法施行
- **消費税率の5％への引き上げ**　※うち地方消費税1％
   - 1994年（平成6年）11/25：村山富市内閣　税制改革関連法案成立
   - 1997年（平成9年）4/1　：橋本龍太郎内閣　税率引き上げと地方消費税導入
- **消費税率の8％への引き上げ**　※うち地方消費税1.7％
   - 2014年（平成26年）4/1　：安倍晋三内閣　税率引き上げ
- **消費税率の10％への引き上げ**　※うち地方消費税2.2％
   - 2019年（令和元年）10/1　：安倍晋三内閣　税率引き上げと軽減税率導入
   - 軽減税率：飲食料品（外食やケータリング等は除く）と新聞は8％のまま軽減税率が適用されることになった

イッキにCHECK!

■次の問いに答えよ。

1 日本が消費税を導入したときの首相は【　　】首相。

竹下　登
人日 よみ たけしたのぼる
1924年生〜2000年没

2 消費税が3％から5％に引き上げられたときの首相は【　　】首相。

橋本龍太郎
人日 よみ はしもとりゅうたろう
1937年生〜2006年没

3 消費税が8％から10％に引き上げられたときの首相は【　　】首相。

安倍晋三
人日 よみ あべしんぞう
1954年生〜2022年没

21 日本の省庁

NEWS 2015年「防衛装備庁」「スポーツ庁」、2019年「出入国在留管理庁」に続き、2021年9月に「デジタル庁」が新設された。さらに、2023年4月には内閣府の外局として「こども家庭庁」が誕生。

イッキに POINT!

●省庁再編とは？

□2001年、中央省庁は1府22省庁から1府12省庁に再編された

□内閣府	総理府、金融再生委員会、経済企画庁、沖縄開発庁が統合
□防衛省	防衛庁が昇格
□財務省	大蔵省から改称
□文部科学省	文部省と科学技術庁が統合
□厚生労働省	厚生省と労働省が統合
□経済産業省	通商産業省から改称
□国土交通省	運輸省、建設省、北海道開発庁、国土庁が統合

□さらに新たな庁も発足

- □**観光庁**…観光立国を目指し「ビジット・ジャパン・キャンペーン」を実施
- □**消費者庁**…従来の縦割り行政から脱し、消費者問題を一元化して扱う庁
- □**復興庁**…東日本大震災の復興のために10年間限定で設置 +10年延長
- □**原子力規制庁**…原子力規制委員会の事務局として発足
- □**スポーツ庁**…文部科学省の外局として2015年に発足
- □**防衛装備庁**…防衛省の外局として2015年に発足
- □**出入国在留管理庁**…法務省の外局として2019年に入国管理局から昇格
- □**デジタル庁**…デジタル社会を推進するために2021年9月に発足
- □**こども家庭庁**…2023年、内閣府の外局として発足

イッキに CHECK!

■次の問いに答えよ。

☑ 1	原子力規制委員会の事務局は【　】庁である。	**原子力規制**
☑ 2	2001年総務省に統合されたのは、総務庁と郵政省と【　】省。	**自治**
☑ 3	製品やサービスなどの安全、表示、取引を管轄するのは【　】庁。	**消費者** 2009年に発足

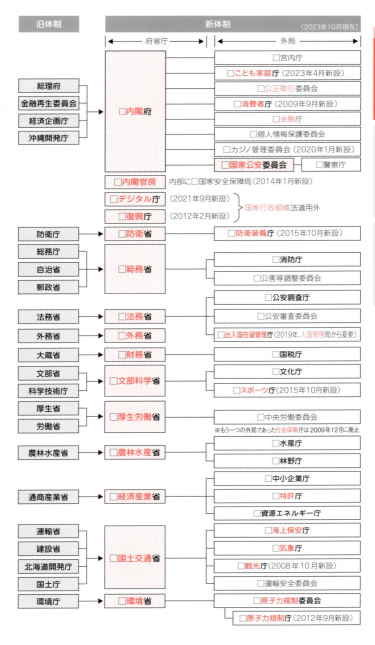

22 少子高齢化

NEWS 2022年の日本の合計特殊出生率は1.26で前年から0.04ポイント減。過去最低だった2005年の1.26から上昇基調だったが、再減少して並んだ。65歳以上の高齢化率は29.1%に。

イッキに POINT!

●少子化とは？

□ **出生率が低下して、人口に占める子どもの数が減少すること**

- □ **出生率** 人口1000人に対する1年間の出生数の割合
- □ **年少人口** 0〜14歳の人口
- □ **合計特殊出生率** 一人の女性が生涯に産む子どもの数
  - □ 出産可能な年齢を15歳から49歳と仮定して算出

●高齢化とは？

□ **高齢者が増加している社会のこと** ※割合は諸説ある

- □ **高齢化率** 高齢者(65歳以上)人口の割合。日本は29.1%(2023年)
- □ **高齢化社会** 高齢化率7%〜14%
- □ **高齢社会** 高齢化率14%〜21%
- □ **超高齢社会** 高齢社会を超えている状態
- □ **後期高齢者** 75歳以上

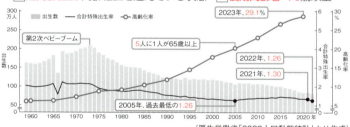

(厚生労働省「2022人口動態統計」より作成)

イッキに CHECK!

■次の問いに答えよ。

□ 1	一人の女性が生涯に産む子どもの数を【　】という。	**合計特殊出生率** 15〜49歳女性の平均
□ 2	高齢者とは【　】歳以上、後期高齢者とは【　】歳以上のこと。	**65、75** 65〜74歳が前期高齢者
□ 3	高齢化社会とは、高齢者が【　】%以上になった社会のこと。	**7** 高齢社会は14%以上

23 再生医療

NEWS 山中伸弥が2012年、ノーベル生理学・医学賞を受賞。iPS細胞を活用した再生医療によるパーキンソン病、ALS（筋萎縮性側索硬化症）など難病治療法確立が期待されている。2022年には、iPS細胞から作製した角膜上皮の移植手術が成功。

イッキに POINT!

●再生医療／iPS細胞とは？

□ **再生医療**…細胞を増殖させた移植用の組織や臓器による治療

□ **万能細胞**…多能性（生物のさまざまな細胞に分化する能力）をもった細胞。生物学用語ではないが、一般に万能細胞と呼ばれる

□ **iPS細胞**…**人工多能性幹細胞**（induced pluripotent stem cells）のこと。遺伝子操作により、体細胞から人工的に作られた万能細胞。ES細胞のように受精卵を利用しないので、倫理的問題が解決。また、本人の細胞を使った再生医療では拒絶反応が少ない

□ **山中伸弥**…2007年に世界で初めてヒトiPS細胞生成に成功 2012年にノーベル生理学・医学賞を受賞

●ES細胞とは？

□ **ES細胞**…胚性幹細胞（embryonic stem cells）のこと 女性の受精卵から作られるので、それを使った実験や応用に倫理的な問題が指摘されていた

イッキに CHECK!

■次の問いに答えよ。

□ **1** 体細胞から作られる人工多能性幹細胞を【　】細胞という。
iPS

□ **2** 【1】の細胞を作ることに成功したのは日本の【　】教授らである。
山中伸弥
人日よみ やまなかしんや
1962年生

□ **3** 胚性幹細胞のことを【　】細胞という。
ES

24 宇宙開発

NEWS 日本の小惑星探査機「はやぶさ2」は小惑星リュウグウのサンプルを採取して2020年末に回収に成功。水やアミノ酸が発見された。一方で、次世代のH3ロケットの打ち上げ実験に失敗して宇宙開発が停滞した。

イッキに POINT!

●各国はどんなロケットを開発している?

- □米国:デルタ、アトラス　□日本:H-ⅡA、H-ⅡB、H3、イプシロン
- □ロシア:ソユーズ、プロトン　□EU:アリアン
- □中国:長征　□北朝鮮:銀河(テポドン)、火星(ムスダン、ノドン)、北極星

●各国の宇宙開発

- □米国:アメリカ航空宇宙局(NASA)
  - □1969年、アポロ11号(アームストロング船長)が月面着陸
  - □2011年、スペースシャトルがアトランティス号を最後に退役
- □日本:宇宙航空研究開発機構(JAXA)
- □中国:2003年「神舟5号」で中国初の有人宇宙飛行
- □日本の人工衛星・探査機
  - □はやぶさ:小惑星探査機。小惑星イトカワから微粒子を持ち帰った
  - □はやぶさ2:小惑星リュウグウの地表や地下のサンプルを採取
  - □かぐや:月周回衛星　□あかつき:金星探査機
  - □みちびき:準天頂衛星。高精度の測位サービス提供
  - □ひまわり:静止気象衛星　□みお:水星探査機
  - □HAKUTO-R:日本のアイスペース社の民間初の月着陸船だが、着陸に失敗
  - □SLIM:月面探査機　□XRISM:X線観測衛星
- □国際宇宙ステーション(ISS)
  - □米国、日本、ロシア、カナダ、ヨーロッパ諸国など加盟15カ国で運用
  - □日本は実験棟「きぼう」の建造を担当。「こうのとり」で物資補給する
  - □2014年3〜5月(66日間)、若田光一宇宙飛行士が日本人初の船長に就任

イッキに CHECK!

■次の問いに答えよ。

☑ **1** 日本が2013年に打ち上げに成功した固体燃料ロケットは【　】ロケット。

イプシロン
2023年7月の燃焼試験中に爆発事故が起きた

☑ **2** 小惑星探査機「はやぶさ2」は、小惑星【　】からのサンプルリターンを行った。

リュウグウ
現在、拡張ミッションとして小惑星「1998KY26」を目指している

☑ **3** 日本はH-ⅡBロケットで【　】を打ち上げ、ISSに物資補給した。

こうのとり(HTV)
2020年で運用終了。後継機はHTV-X

34

25 日本の震災

NEWS 2011年の東日本大震災以降も、熊本地震、北海道胆振東部地震など震度7クラスの震災が続いた。南海トラフでの連動型地震も懸念されている。

イッキに POINT!

●東日本大震災とは？

※閣議決定された震災の総称。本震名は「東北地方太平洋沖地震」
- 発生:2011年3月11日午後2時46分頃
- 本震源地:三陸(陸前/陸中/陸奥)沖
- 規模:マグニチュード9.0
  最大震度7(宮城県栗原市)
- 種類:太平洋プレートと北米プレートの境界域のプレート境界型地震
- 津波:三陸地方太平洋岸はリアス式海岸のため、防波堤を越える津波が押し寄せて甚大な被害が出た

震源地・被災地など

●過去に観測された震度7は？

①兵庫県南部地震(阪神・淡路大震災、1995年)
②新潟県中越地震(2004年)③東北地方太平洋沖地震(2011年)
④⑤熊本地震(2016年)⑥北海道胆振東部地震(2018年)

●南海トラフとは？

- 東海～紀伊半島～四国の南方沖合いの海底にあるトラフ(舟状海盆)で、連動型の地震が懸念されている

イッキに CHECK!

■次の問いに答えよ。

☑ **1** 地震の発生エネルギーの大きさを表す単位は【　】である。

マグニチュード
1増えると32倍、2増えると1000倍になる

☑ **2** 東日本大震災の本震は、太平洋プレートと【　】プレートのプレート境界型地震。

北米

☑ **3** 水深6000mより浅い舟状海盆を【　】とも呼ぶ。

トラフ
水深6000m超は海溝(トレンチ)と呼ぶ。

26 原子力問題

NEWS 東日本大震災後に稼働停止していた原子力発電所だが、川内原発（鹿児島）や伊方原発（愛媛）、高浜原発（福井）などで再稼働した。2022年にウクライナ侵攻でエネルギー価格が上昇すると、日本政府は原発再稼働促進の方針を示した。

イッキに POINT!

●東日本大震災に伴う原発事故とは？

- 東京電力の福島第一原子力発電所での事故
- 停電と津波による非常用電源の故障などで大事故になった

●原子力に関する用語の意味は？

- **放射線**：放射性元素が崩壊するときに放出される粒子線（アルファ線、ベータ線、中性子線など）あるいは電磁波（ガンマ線、エックス線など）のこと
- **放射能**：放射線を出す能力のこと
- **放射性物質**：放射能をもつ物質の総称
- **放射性同位体**：同じ元素で中性子の数が違う同位体のうち、不安定で時間とともに崩壊して放射線を放出するもの
- **半減期**：放射性同位体が半分に崩壊するまでの時間
- **メルトダウン**：原子炉の炉心が溶融すること
- **プルサーマル**：プルトニウムで燃料を作り、熱中性子炉で燃料の一部として使うこと
- **ベクレル**：放射能の量を表す単位
- **シーベルト**：生体被曝の生物学的影響の大きさの単位

●原子力規制委員会とは？

- **原子力規制委員会**：原子力利用推進の組織とは独立した規制のための組織
- **原子力規制庁**：原子力規制委員会の事務局
- **エネルギー基本計画**：国のエネルギー政策の指針を示す計画
- **ベースロード電源**：季節や時間にかかわらず電気を安定的に供給する電源

イッキに CHECK!

■次の問いに答えよ。

☑ **1** 2014年のエネルギー基本計画で原発は「重要な【　】電源」と位置づけられた。

ベースロード
季節や時間に左右されず安定的に発電できること

☑ **2** 福島第一原子力発電所の放射性物質を含んだ水を処理する設備は【　】。

ALPS
英 Advanced Liquid Processing System
多核種除去設備

☑ **3** 【2】の処理水に含まれる三重水素のことを【　】と呼ぶ。

トリチウム
英 tritium
水素の同位体（陽子1、中性子2）

27 ノーベル賞

NEWS 2021年、日本出身で米国籍の眞(真)鍋淑郎がノーベル物理学賞を受賞した。日本出身(外国籍含む)は29人となり、物理学賞では12人目。

イッキに POINT!

●日本関連のノーベル賞受賞者は？

□**物理学賞（2021年）：眞(真)鍋淑郎**（地球気候変動モデルの開発）

〈その他の日本関連受賞者〉
[注]外国籍の者も含む

氏名	受賞(年)	部門	氏名	受賞(年)	部門
湯川　秀樹	1949	物理学賞	南部陽一郎	2008	物理学賞
朝永振一郎	1965	物理学賞	下村　脩	2008	化学賞
川端　康成	1968	文学賞	鈴木　章	2010	化学賞
江崎玲於奈	1973	物理学賞	根岸　英一	2010	化学賞
佐藤　栄作	1974	平和賞	山中　伸弥	2012	生理学・医学賞
福井　謙一	1981	化学賞	赤崎　勇	2014	物理学賞
利根川　進	1987	生理学・医学賞	天野　浩	2014	物理学賞
大江健三郎	1994	文学賞	中村　修二	2014	物理学賞
白川　英樹	2000	化学賞	大村　智	2015	生理学・医学賞
野依　良治	2001	化学賞	梶田　隆章	2015	物理学賞
小柴　昌俊	2002	物理学賞	大隅　良典	2016	生理学・医学賞
田中　耕一	2002	化学賞	カズオ・イシグロ	2017	文学賞
小林　誠	2008	物理学賞	本庶　佑	2018	生理学・医学賞
益川　敏英	2008	物理学賞	吉野　彰	2019	化学賞

□日本人がまだ受賞していないのは「**経済学賞**」

イッキに CHECK!

■次の問いに答えよ。

□ **1** 2021年にノーベル物理学賞を受賞した日本出身の米国人は【　】。

眞(真)鍋淑郎
人日 よみ まなべしゅくろう
1931年生

□ **2** 2019年にノーベル化学賞を受賞した日本人は【　】。

吉野彰
人日 よみ よしのあきら
1948年生

□ **3** 日本人がまだ受賞していないノーベル賞は【　】賞。

経済学

28 世界遺産

NEWS
2021年に、新型コロナウイルスの影響で登録が遅れていた「奄美大島、徳之島、沖縄島北部及び西表島」が世界自然遺産に。続いて「北海道・北東北の縄文遺跡群」が世界文化遺産に登録された。

イッキに POINT!

●世界遺産とは？

- □ 世界遺産…人類が共有すべき「顕著な普遍的価値」をもつ不動産
  - □ **自然**遺産…地形、景観、絶滅危惧の動植物の生息地などを含む地域
  - □ **文化**遺産…記念物、建造物群、遺跡、文化的景観など
  - □ **複合**遺産…文化遺産と自然遺産の両方の価値を兼ね備えている遺産
- □ **ユネスコ**(UNESCO:国連教育科学文化機関)による選定
  - □ 諮問機関の**イコモス**(ICOMOS:国際記念物遺跡会議)で審査

〈日本の世界遺産〉
- □ 日本の登録(2021年10月時点)は**25**件(自然**5**件、文化**20**件)
- □ 自然遺産は、**屋久島、白神山地、知床、小笠原、奄美**など
- □ 2013年「**富士山**」、2014年「**富岡製糸場**」ともに文化遺産

●ユネスコ無形文化遺産

- □ 各国・地域の**民族文化財**、**口承伝統**などの無形の文化

〈日本のユネスコ無形文化遺産(抜粋)〉
- □ **能楽**(2008年) □ **人形浄瑠璃文楽**(2008年) □ **歌舞伎**(2008年)
- □ **雅楽**(2009年) □ **那智の田楽**(2012年) □ **和食**(2013年)
- □ **和紙**(2014年) □ **山・鉾・屋台行事**(2016年) □ **来訪神**(2018年)

●ユネスコ世界の記憶

- □ 人類が後世に伝えるべき書物などの記録物(動産)

〈日本のユネスコ世界の記憶〉
- □ 炭坑記録画家・山本作兵衛の炭坑画(2011年) □ 御堂関白記、慶長遣欧使節関係資料(2013年)
- □ 舞鶴への生還(2015年) □ 東寺百合文書(2015年) □ 上野三碑、朝鮮通信使(2017年)

イッキに CHECK!

■次の問いに答えよ。

☑ 1	世界遺産を管轄しているのは、国連【　】機関である。	**教育科学文化** 略 UNESCO
☑ 2	世界遺産には、自然遺産、【　】遺産、複合遺産がある。	**文化**
☑ 3	2021年に「奄美大島、徳之島、沖縄島北部及び【　】島」が、世界自然遺産に登録された。	**西表** よみ いりおもて 沖縄県。奄美大島・徳之島は鹿児島県

〈日本の世界遺産MAP(2023年10月現在)〉

[ ]内は都道府県名、登録年
⓪⓪ 文化遺産　⓪⓪ 自然遺産

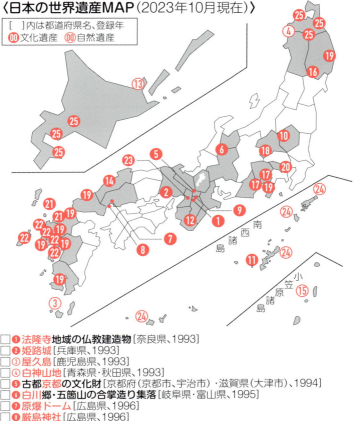

- ❶ 法隆寺地域の仏教建造物 [奈良県、1993]
- ❷ 姫路城 [兵庫県、1993]
- ❸ 屋久島 [鹿児島県、1993]
- ❹ 白神山地 [青森県・秋田県、1993]
- ❺ 古都京都の文化財 [京都府(京都市、宇治市)・滋賀県(大津市)、1994]
- ❻ 白川郷・五箇山の合掌造り集落 [岐阜県・富山県、1995]
- ❼ 原爆ドーム [広島県、1996]
- ❽ 厳島神社 [広島県、1996]
- ❾ 古都奈良の文化財 [奈良県、1998]
- ❿ 日光の社寺 [栃木県、1999]
- ⓫ 琉球王国のグスク及び関連遺産群 [沖縄県、2000]
- ⓬ 紀伊山地の霊場と参詣道 [三重県・奈良県・和歌山県、2004]
- ⓭ 知床 [北海道、2005]
- ⓮ 石見銀山遺跡とその文化的景観 [島根県、2007]
- ⓯ 小笠原諸島 [東京都、2011]
- ⓰ 平泉－仏国土(浄土)を表す建築・庭園及び考古学的遺跡群 [岩手県、2011]
- ⓱ 富士山－信仰の対象と芸術の源泉 [静岡県・山梨県、2013]
- ⓲ 富岡製糸場と絹産業遺産群 [群馬県、2014]
- ⓳ 明治日本の産業革命遺産　製鉄・製鋼、造船、石炭産業
  [岩手県・静岡県・山口県・福岡県・熊本県・佐賀県・長崎県・鹿児島県、2015]
- ⓴ 国立西洋美術館本館(ル・コルビュジエの建築作品) [東京都、2016]
- ㉑ 「神宿る島」宗像・沖ノ島と関連遺産群 [福岡県、2017]
- ㉒ 長崎と天草地方の潜伏キリシタン関連遺産 [長崎県・熊本県、2018]
- ㉓ 百舌鳥・古市古墳群 [大阪府、2019]
- ㉔ 奄美大島、徳之島、沖縄島北部及び西表島 [鹿児島県・沖縄県、2021]
- ㉕ 北海道・北東北の縄文遺跡群 [北海道・青森県・岩手県・秋田県、2021]

29 映画賞

NEWS 2021年のベルリン映画祭で濱口竜介監督の『偶然と想像』が銀熊賞。カンヌ映画祭では同監督の『ドライブ・マイ・カー』が脚本賞などを受賞した。同作品は村上春樹の小説が原作。

イッキに POINT!

●アカデミー賞（日本関連の受賞）※抜粋

□米「映画芸術科学アカデミー」の会員投票による映画賞（年1回）

1952年	第24回	名誉賞（現：外国語映画賞）	『羅生門』（黒澤明監督）
88	60	作曲賞	坂本龍一『ラストエンペラー』
90	62	名誉賞	黒澤明監督
2003	75	長編アニメーション賞	『千と千尋の神隠し』（宮崎駿監督）
09	81	外国語映画賞	『おくりびと』（滝田洋二郎監督）
〃	〃	短編アニメーション賞	『つみきのいえ』（加藤久仁生監督）
14	87	名誉賞	宮崎駿監督
18	90	メイクアップ＆ヘアスタイリング賞	辻一弘（『ウィンストン・チャーチル/ヒトラーから世界を救った男』）
20	92	メイクアップ＆ヘアスタイリング賞	カズ・ヒロ（辻一弘）（『スキャンダル』）
21	94	国際長編映画賞	『ドライブ・マイ・カー』（濱口竜介監督）

●三大国際映画祭（日本関連の受賞）※抜粋

□カンヌ
　□最高賞＝パルムドール：『うなぎ』(1997年) 今村昌平監督
　　□『万引き家族』(2018年) 是枝裕和監督
　□審査員賞：『そして父になる』(2013年) 是枝裕和監督
　□最優秀男優賞：柳楽優弥(2004年)『誰も知らない』是枝裕和監督
　　□役所広司(2023年)『PERFECT DAYS』ヴィム・ヴェンダース監督
　□脚本賞：濱口竜介他(2021年)『ドライブ・マイ・カー』濱口竜介監督
　　□坂元裕二(2023年)『怪物』是枝裕和監督

□ベルリン
　□最高賞＝金熊賞：『千と千尋の神隠し』(2002年) 宮崎駿監督
　　『アダマン号に乗って』(2023年) 日仏合作 ニコラ・フィリベール監督
　□銀熊賞：『偶然と想像』(2021年) 濱口竜介監督

□ベネチア
　□最高賞＝金獅子賞：『HANA-BI』(1997年) 北野武監督
　□銀獅子賞＝審査員グランプリ：『悪は存在しない』(2023年) 濱口竜介監督

イッキに CHECK!

■次の問いに答えよ。

☑ **1** 国際映画祭の最高賞はベルリンが【　】賞、ベネチアが【　】賞。

金熊、金獅子
北が熊、南がライオン

☑ **2** 2021年カンヌ国際映画祭で【　】監督が脚本賞を受賞。

濱口竜介
人日よみ はまぐちりゅうすけ　1978年生。受賞作は『ドライブ・マイ・カー』

☑ **3** 2020年ベネチア国際映画祭で銀獅子賞（監督賞）を受賞した監督は【　】。

黒沢清
人日よみ くろさわきよし
1955年生

30 文学賞

NEWS 2023年上半期（第169回）の芥川賞は市川沙央『ハンチバック』が、直木賞は垣根涼介『極楽征夷大将軍』、永井紗耶子『木挽町のあだ討ち』が受賞した。

イッキに POINT!

●芥川賞 / ●直木賞

	芥川賞	直木賞
・正式名称	芥川龍之介賞	直木三十五賞
・対　　象	純文学の新人	大衆小説の新人・中堅作家
・発 表 誌	文藝春秋	オール讀物
・初回受賞	石川達三『蒼氓』	川口松太郎『鶴八鶴次郎』他

〈最近の受賞作家と作品〉

年　度	芥川賞	直木賞
2021下期(166回)	砂川文次『ブラックボックス』	今村翔吾『塞王の楯』 米澤穂信『黒牢城』
2022上期(167回)	高瀬隼子『おいしいごはんが食べられますように』	窪美澄『夜に星を放つ』
下期(168回)	井戸川射子『この世の喜びよ』 佐藤厚志『荒地の家族』	小川哲『地図と拳』 千早茜『しろがねの葉』
2023上期(169回)	市川沙央『ハンチバック』	垣根涼介『極楽征夷大将軍』 永井紗耶子『木挽町のあだ討ち』

●本屋大賞

□「全国書店員が選んだいちばん売りたい本」の賞
- □2018年 辻村深月『かがみの孤城』
- □2019年 瀬尾まいこ『そして、バトンは渡された』
- □2020年 凪良ゆう『流浪の月』
- □2021年 町田そのこ『52ヘルツのクジラたち』
- □2022年 逢坂冬馬『同志少女よ、敵を撃て』
- □2023年 凪良ゆう『汝、星のごとく』

イッキに CHECK!

■次の問いに答えよ。

☑ **1** 2023年の本屋大賞は【　】の『汝、星のごとく』が受賞した。

☑ **2** 2017年に直木賞と本屋大賞をダブル受賞した作家は【　】。

☑ **3** 芥川賞の第1回受賞者は【　】である。

凪良ゆう
人日 よみ なぎらゆう 1973年生。2020年に『流浪の月』でも受賞

恩田陸
人日 よみ おんだりく 1964年生。受賞作は『蜜蜂と遠雷』

石川達三
人日 よみ いしかわたつぞう 1905年生〜85年没。35年度上期、『蒼氓』

31 最新経営用語

NEWS
日本企業も、ジャパンアズNo.1と呼ばれたバブル期の日本的経営からグローバルスタンダードに根ざした経営に変革しつつある。経営用語もカタカナ語が多い。

イッキに POINT!

● 経営基本用語

《役 職》

- □ **CEO**(Chief Executive Officer):最高**経営**責任者
- □ **COO**(Chief Operating Officer):最高**執行**責任者
- □ **CFO**(Chief Financial Officer):最高**財務**責任者
- □ **CIO**(Chief Information Officer):最高**情報**責任者

《ビジネス形態》

- □ **BtoB**(Business to Business)
  企業間取引(またはそれを行う企業)
- □ **BtoC**(Business to Consumer)
  顧客取引(またはそれを行う企業)
- □ **SPA**(Speciality store retailer of Private label Apparel):製造小売業。販売から製造まで手がけるGAP、ユニクロのような企業
- □ **コングロマリット**:企業を次々と買収・合併して多角的経営を営む複合企業体
- □ **ファブレス**:自社工場をもたず、生産を外部に委託すること
- □ **SOHO**(Small Office Home Office):在宅型業務形態
- □ **再販制度**(再販売価格維持制度):書籍、新聞、音楽CDなどのように、供給元が販売店に対して定価販売を義務づける制度。著作権保護のために、独占禁止法によって定められている

イッキに CHECK!

■次の問いに答えよ。

☑ 1	CEO、COO、CFO、CIOのうち最高位は【　】。	**CEO** 最高経営責任者
☑ 2	BtoCのBは【　】の略。(英単語を答えよ)	**Business** 英Business to Consumer
☑ 3	コンプライアンスは日本語で【　】という意味である。	**法令遵守** 英compliance

《経営管理・企業姿勢》

- □ **コーポレート・ガバナンス**：企業統治（企業経営を監視統治する）
- □ **コンプライアンス**：法令遵守（法令を守った経営）
- □ **メセナ**：企業による文化支援活動
- □ **フィランソロピー**：企業による社会貢献または慈善活動
- □ **ステイクホルダー**：顧客、従業員、取引先、金融機関など企業を取り巻く関係者の総称
- □ **アウトソーシング**：業務を外部委託すること
- □ **クラウドソーシング**：一般大衆を活用した外部委託
- □ **ワークシェアリング**：1人当たりの労働時間を短縮し、仕事を分け合うことで雇用を維持すること
- □ **ディスクロージャー**：企業の経営状況や財務状況をステイクホルダーに公開すること
- □ **IR** (Investor Relations)：企業が投資家に向けて経営状況や財務状況などの情報を提供する広報活動
- □ **SDGs** (Sustainable Development Goals)：持続可能な開発目標

《マーケティング・IT》

- □ **ロングテール**：幅広い品揃えがネット販売では重要という考え方
- □ **バズマーケティング**：細分化された特定の顧客に対して、口コミで商品情報を伝えるマーケティング手法
- □ **SEO** (Search Engine Optimization)：グーグルなどの検索エンジンのリストで上位に表示させるようにホームページを最適化する
- □ **CSF** (Critical Success Factor)：成功の鍵となる要因
- □ **ニッチ**：隙間産業または隙間市場を狙った戦略
- □ **ダンピング**：価格を不当に安く設定して販売競争に勝つこと
- □ **ユニバーサルデザイン**：障害の有無、年齢、性別などにかかわらず、誰にとっても使いやすいデザイン
- □ **デファクトスタンダード**：市場競争の結果として基準化した事実上の業界標準のこと
- □ **フィンテック**：金融サービス（Finance）と技術（Technology）が結びついた革新的金融技術のこと
- □ **DX** (デジタルトランスフォーメーション)：デジタル技術によって社会や経営を変革すること

☑ 4	企業統治のことをコーポレート・【　　】と呼ぶ。	**ガバナンス** 統治 囲corporate governance
☑ 5	デジタルトランスフォーメーションを略して【　　】と呼ぶ。	**DX** 囲Digital Transformation
☑ 6	大手が進出しないような隙間市場を狙うのは【　　】戦略。	**ニッチ** 隙間のこと 囲niche

32 オリンピック・パラリンピック

NEWS 東京2020五輪は、新型コロナウイルス感染症の流行により2021年に延期。日本は金27、銀14、銅17、計58個の過去最高のメダルを獲得した。冬の北京五輪でも、歴代最多メダル18個。

イッキに POINT!

❶新型コロナウイルス流行により2020年から2021年に延期されたが、大会名に変更なし

●夏季オリンピック ※抜粋

開催年	開催地	計	金	銀	銅
1964（第18回）	東京（日本）	29	16	5	8
2012（第30回）	ロンドン（英国）	38	7	14	17
2016（第31回）	リオデジャネイロ（ブラジル）	41	12	8	21
2020（第32回）	東京（日本）※2021年に延期	58	27	14	17
2024（第33回）	パリ（フランス）	―	―	―	―
2028（第34回）	ロサンゼルス（米国）	―	―	―	―
2032（第35回）	ブリスベン（オーストラリア）	―	―	―	―

●冬季オリンピック ※抜粋

開催年	開催地	計	金	銀	銅
1972（第11回）	札幌（日本）	3	1	1	1
1998（第18回）	長野（日本）	10	5	1	4
2010（第21回）	バンクーバー（カナダ）	5	0	3	2
2014（第22回）	ソチ（ロシア）	8	1	4	3
2018（第23回）	平昌（韓国）	13	4	5	4
2022（第24回）	北京（中国）	18	3	6	9
2026（第25回）	ミラノ/コルティナ・ダンペッツォ（イタリア）	―	―	―	―
2030（第26回）	未定 ※札幌が立候補	―	―	―	―

イッキに CHECK!

■次の問いに答えよ。

☐ **1** アジアで初となるオリンピックが東京で開催されたのは西暦【　】年。

1964
昭和39年

☐ **2** 夏季オリンピックの開催地は、2024年は【　】、28年は【　】。

パリ、ロサンゼルス

☐ **3** パリオリンピック（2024年）の新種目は【　】。

ブレイキン
ブレイクダンスのこと

●日本開催のオリンピック

☐ **1940年** 夏季 **東京**：戦争により開催権を返上した幻の五輪
☐ **1964年** 夏季 **東京**：アジア初の五輪開催
☐ **1972年** 冬季 **札幌**：日本初の冬季大会
☐ **1998年** 冬季 **長野**：最も南で開催された冬季大会
☐ **2020年** 夏季 **東京**：イスタンブール（トルコ）、
　　⇒2021年に延期　　マドリード（スペイン）と競合

●東京オリンピック（2020）の開催概要

☐ **正式式名称**：第32回オリンピック競技大会（2020／東京）
☐ **英文名称**：Games of the XXXII Olympiad
☐ **開催期間**：2020年7月24日（金）～8月9日（日）
　　　　　⇒2021年7月23日（金）～8月8日（日）に延期
☐ **国際機関**：国際オリンピック委員会（IOC）　☐ **競技数**：33競技

《新種目》

☐ **野球/ソフトボール**：野球（男子）/ソフトボール（女子）※正式競技に復活
☐ **空手**：形（男女）/組手3階級（男女）
☐ **スケートボード**：ストリート（男女）/パーク（男女）
☐ **スポーツクライミング**：ボルダリング・リード・スピード複合（男女）
☐ **サーフィン**：ショートボード（男女）

●東京パラリンピック（2020）の開催概要

☐ **正式式名称**：東京2020パラリンピック競技大会
☐ **英文名称**：Tokyo 2020 Paralympic Games
☐ **開催期間**：2020年8月25日（火）～9月6日（日）
　　　　　⇒2021年8月24日（火）～9月5日（日）に延期
☐ **国際機関**：国際パラリンピック委員会（IPC）　☐ **競技数**：22競技

《新種目》

☐ **バドミントン**：シングルス（男女）/ダブルス（男女/混合）
☐ **テコンドー**：階級別（男女）

※本書では「オリンピック」のことを「五輪」とも表記する

☑ **4**　2026年の冬季五輪開催地は、
　　　【　　】／コルティナ・ダンペッツォ。

ミラノ
イタリアの都市

☑ **5**　東京五輪2020は、第【　　】
　　　回の夏季大会。

32
新型コロナウイルス感染症の流行
で2021年に延期

☑ **6**　東京五輪のスケートボード競技
　　　種目は、ストリートと【　　】。

パーク
ストリート：街中を滑るようなコース
パーク：より複雑な形のコース

1 最新時事ワード
2 業界別キーワード
人物ファイル

33 野球

NEWS 2021年の東京五輪2020において、野球・ソフトボールの日本代表はともに金メダルを獲得。またMLBでは大谷翔平が投打の二刀流で活躍し、アメリカンリーグMVP(最優秀選手賞)等に選ばれた。

イッキに POINT!

●米メジャーリーグと日本プロ野球

	米国		日本	
□組織	**MLB** メジャーリーグベースボール		**NPB** 日本野球機構	
□リーグ	アメリカンリーグ	ナショナルリーグ	セントラルリーグ	パシフィックリーグ
□球団数	15球団	15球団	6球団	6球団
	米国29球団、カナダ1球団			
	合計30球団		合計12球団	
□優勝決定戦	ワールドシリーズ		日本シリーズ	
□下部リーグ	マイナーリーグ		イースタンリーグ／ウエスタンリーグ	

〈契約・移籍用語〉
- □ **フリーエージェント(FA)**：一定の資格を満たした選手は自由に移籍できる
- □ **ポスティングシステム**：海外FA権を持たない日本のプロ野球選手を米MLB球団が移籍金額の入札によって獲得する制度
  - □ 2013年に移籍金額の上限が2000万ドルに制限
  - □ 2018年に大谷翔平選手がロサンゼルス・エンゼルスに移籍。背番号17
    →2021年に投手とDH(指名打者)の二刀流で活躍し、MVPを獲得

〈日本代表の成績〉
- □ **オリンピック**：東京2020大会で正式競技初の金メダル。それまではロサンゼルス大会(公開競技)のみ
- □ **WBC**(ワールド・ベースボール・クラシック)：2006、2009、2023年優勝

イッキに CHECK!

■次の問いに答えよ。

☑ 1	日本が公開競技の野球で金メダルを獲得したのは【　】大会。	**ロサンゼルス** アマチュア選手のみが参加する公開競技だった
☑ 2	MLBのクリーブランド・インディアンスは、同・【　】に名称変更。	**ガーディアンズ**
☑ 3	【　】とは、移籍可能な日本人選手を米球団が入札で獲得する制度。	**ポスティングシステム**

34 サッカー

NEWS 東京五輪2020において、日本代表は3位決定戦でメキシコに負け、1968年メキシコシティー五輪以来のメダルを逃した。2023年のFIFA女子ワールドカップでは、なでしこジャパンはスウェーデンに敗れてベスト8。

イッキに POINT!

●サッカー協会
- **FIFA** Fédération Internationale de Football Association
  国際サッカー連盟の略称
- **JFA** Japan Football Association　日本サッカー協会の略称

●日本サッカーの歴史
- メキシコシティーオリンピック(1968年)日本代表が銅メダル
  日本のエースストライカーで同大会得点王は、釜本邦茂
- Jリーグ：開催されたのは1993年。当初は10チーム
  2023年シーズンはJ1=18チーム、J2=22チーム、J3=20チーム
- 2012年のロンドンオリンピックで女子が銀メダル

〈FIFAワールドカップ(W杯)の歴史〉
- 1998年、フランス大会に日本初出場(初得点：中山雅史)
- 2002年、日韓大会開催(初の共催大会)
- 2018年、ロシア大会でベルギーに敗れてベスト16
- 2022年、カタール大会でクロアチアに敗れてベスト16
- 2026年、アメリカ／カナダ／メキシコ共催

〈なでしこジャパンのFIFA女子ワールドカップ(W杯)の歴史〉
- 2011年、ドイツ大会の決勝でアメリカを破って優勝
  佐々木則夫監督が女子チームの年間最優秀監督に、澤穂希選手が女子年間最優秀選手に選出
- 2015年、カナダ大会の決勝でアメリカに敗れて準優勝
- 2023年、オーストラリア/ニュージーランド大会でベスト8

イッキに CHECK!

■次の問いに答えよ。

- **1** 日本がサッカーで銅メダルを獲得したオリンピックは【　　】大会。

  メキシコシティー
  1968年
  女子はロンドン大会で銀メダル

- **2** FIFAW杯本大会で日本選手初の得点者は【　　】。

  中山雅史
  人日 よみ なかやままさし
  1967年生。1998年フランス大会

- **3** 2026年FIFAワールドカップの開催地は、【　　】【　　】【　　】の3カ国共催。

  アメリカ、カナダ、メキシコ
  2022年はカタール

47

35 その他スポーツ

NEWS 東京五輪2020のスケートボード競技では、堀米雄斗、西矢椛(13歳:日本史上最年少の金メダリスト)、四十住さくらが金メダルを獲得。また、開心那(12歳)が銀メダルで、日本史上最年少のメダリストに。

イッキに POINT!

●東京オリンピック2020で活躍した日本人選手 ※抜粋

競技	種目	選手/チーム	メダル	
空手	男子形	喜友名諒	金	沖縄県勢初の金メダル
レスリング	女子57kg級	川井梨紗子	金	姉妹で金。梨紗子は五輪連覇
	女子62kg級	川井友香子	金	
体操	男子鉄棒・男子総合	橋本大輝	金	男子団体では銀メダル
ボクシング	女子フェザー級	入江聖奈	金	ボクシング女子で日本勢初のメダル
フェンシング	男子エペ団体	加納虹輝、山田優、宇山賢、見延和靖	金	日本フェンシング界初の金
競泳	女子200m個人メドレー 女子400m個人メドレー	大橋悠依	金	競泳女子の日本勢初の二冠
卓球	混合ダブルス	伊藤美誠、水谷隼	金	新種目の初代金。卓球日本勢初の金
柔道	男子66kg級	阿部一二三	金	兄妹で同日に金を獲得
	女子52kg級	阿部詩	金	
スケートボード	男子ストリート	堀米雄斗	金	新種目の初代王者
	女子ストリート	西矢椛	金	13歳10カ月で日本の最年少金メダリスト
	女子パーク	四十住さくら	金	新種目の初代女王
	女子パーク	開心那	銀	12歳11カ月、日本最年少のメダリスト
バスケットボール	女子	AKATSUKI FIVE※	銀	7連覇を達成した米国に及ばず銀メダル

※2022年後半から男女ともAKATSUKI JAPAN

イッキに CHECK!

■次の問いに答えよ。

☐ **1** 東京五輪2020でスケートボードの【　】は史上最年少の金メダリストになった。

西矢椛
人日 よみ にしやもみじ
2007年生。13歳10カ月で獲得

☐ **2** 東京五輪2020でスケートボードの【　】は史上最年少のメダリストになった。

開心那
人日 よみ ひらきここな
2008年生。12歳11カ月で獲得

☐ **3** 2023年にWBC・WBO世界スーパーバンタム級統一王者になった日本人は【　】。

井上尚弥
人日 よみ いのうえなおや
1993年生。元バンタム級4団体統一王者

第2章

イッキに！ 業界別キーワード

業界別キーワード

①金融

●【 】にあてはまる言葉を答えよ。

1 銀行が優良企業に貸し出すときの最優遇利率のことを【 】レートという。

2 日本銀行が市中銀行に貸し出すときの金利を、金融自由化前は【 】と呼んだ。

3 2024年発行の新一万円札に描かれる肖像は【 】。

4 米国の中央銀行を総括する「連邦準備制度理事会」の略称は【 】。

5 1968年を基準時として算出される日本の株価指数をアルファベットで【 】という。

6 東京証券取引所は、2022年4月からプライム市場、スタンダード市場、【 】市場の3市場に整理統合された。

7 金融機関の破綻時に預金払戻額に制限を加えることを【 】と呼ぶ。

8 経営者を監視するために株主などの権利が十分に機能することをコーポレート【 】という。

9 経済不況下での、物価下落がさらに不況を誘引する悪循環を【 】と呼ぶ。

10 企業買収する際に、証券取引所を通さず、株価を公開して株を買う方法を【 】と呼ぶ。

11 フィンテックとは、英語の【 】と【 】を合わせた造語である。

12 生命保険会社の保険金支払余力を測る指標は【 】比率。

●解答・解説

プライム
英Prime Rate

公定歩合

渋沢栄一
人日よみ しぶさわえいいち
1840年生～1931年没

FRB
英Federal Reserve Board
2018年に議長がイエレンからパウエルに交代

TOPIX（トピックス）
英Tokyo Stock Price Index
東京証券取引所株価指数

グロース
高い成長可能性を有する企業向け。元はマザーズ

ペイオフ
英pay off
元本1000万円に制限される

ガバナンス
英corporate governance
企業統治

デフレスパイラル
（デフレーションスパイラル）
英deflationary spiral

TOB
英Take Over Bit

Finance、Technology

ソルベンシーマージン
英solvency margin ratio

業界別キーワード

②IT・ソフトウェア

●【 】にあてはまる言葉・数字を答えよ。　　**●解答・解説**

1　ITとは英語の【 】の略称。

Information Technology
日情報技術
Internetではない

2　情報通信技術を利用できる人と利用できない人の間に生まれる格差をデジタル・【 】と呼ぶ。

ディバイド
英digital divide

3　次世代移動通信システムである5GのGは、【 】の略。

Generation
英5th Generation

4　192.168.1.1のようなネットワーク機器に付与される識別番号を【 】アドレスという。

IP
英Internet Protocol address

5　LANとは逆に、広域通信網を【 】と呼ぶ。

WAN
英Wide Area Network
LANは構内通信網
英Local Area Network

6　2進数1011は10進数では【 】。

11
$2^3×1+2^2×0+2^1×1+2^0×1=11$

7　1000MB(メガバイト)=1GB(ギガバイト)のとき、1000GB=1【 】B。

T
英Tera　日テラ
2の10乗(1024)基準のときは、TiB(テビバイト)を使うことも

8　1マイル=約【 】km。

1.6
メジャーリーグ投手には時速100マイル(=約160km)で投げる投手も

9　取引履歴を暗号化技術によって分散保持して正確な履歴を維持するしくみを、【 】技術と呼ぶ。

ブロックチェーン
英Block-Chain

10　太陽系の【 】星は、2006年に惑星から準惑星に再分類された。

冥王
よみめいおう

11　人工知能(AI)が人類の知能を超える転換点またはそれによる変革を【 】と呼ぶ。

シンギュラリティ
英singularity　日特異点

12　経理において、固定資産を耐用年数で分割して費用計上することを【 】と呼ぶ。

減価償却
よみげんかしょうきゃく

業界別キーワード

③建設・住宅

●【 】にあてはまる言葉を答えよ。 ●解答・解説

1 有害廃棄物の国境移動や処分について1989年に採択されたのは【 】条約。

バーゼル
国際環境計画（UNEP）によりスイスのバーゼルで採択

2 開発がもたらす環境への影響を事前に調べることを、環境【 】と呼ぶ。

アセスメント
英assessment

3 廃棄物排出をなくす技術や経営を目指すことを【 】と呼ぶ。

ゼロ・エミッション
英zero emission

4 投資家から資金を集め、不動産に投資し、その収益を配当する不動産投資信託を【 】と呼ぶ。

REIT（リート）
英Real Estate Investment Trust

5 公共団体と私企業が共同出資した形態の企業体を【 】と呼ぶ。

第三セクター

6 複数の建設会社などが共同出資した企業体のことを【 】と呼ぶ。

ジョイントベンチャー
英joint venture
共同事業体。JVとも呼ぶ

7 都市が郊外に向かって無秩序に拡大することを【 】現象と呼ぶ。

スプロール
英urban sprawl

8 地震のエネルギー規模の大きさを表す単位は【 】である。

マグニチュード
英magnitude

9 北米で生まれた、断面が特定の大きさに規格統一された木材で建築する工法を【 】と呼ぶ。

ツーバイフォー
2×4インチ

10 段差を少なくするなど、障害者や高齢者などに配慮した住宅を【 】住宅と呼ぶ。

バリアフリー
英barrier-free

11 アスファルト化や排熱の増加によって局地的に起きる都市の高温化を【 】現象と呼ぶ。

ヒートアイランド
英heart island

12 建築図面の一つで、遠近法を使った透視図や俯瞰図を、日本では略して【 】と呼ぶ。

パース
英perspective
パースペクティブの略称

業界別キーワード

④電機メーカー

●【　】にあてはまる言葉を答えよ。　●解答・解説

1 製造物責任法のことを【　】法と呼ぶ。

PL
英Product Liability

2 電気用品安全法に基づき、耐圧などの安全基準を満たしたことを示すものは【　】マーク。

PSE
英Product Safety Electrical Appliance & Material

3 国際標準化機構の略称は【　】。

ISO
英International Organization for Standardization

4 日本産業規格の略称は【　】。

JIS
英Japanese Industrial Standards

5 ギガとは、10の【　】乗のことである。

9
英Giga
メガは10^6

6 2014年にノーベル物理学賞を受賞したのは赤﨑勇、【　】、中村修二である。

天野浩
よみあまのひろし
青色発光ダイオードの発明と量産化

7 自ら発光する有機材料で次世代の表示装置として期待されているのは【　】。

有機EL
英Organic Electro Luminescence
液晶は自ら発光しない

8 いつでもどこでもネットワークにつながる環境や技術を【　】と呼ぶ。

ユビキタス
英ubiquitous

9 「デジタル・トランスフォーメーション」のことを略して【　】またはDTと呼ぶ。

DX
英Digital Transformation
Trans（交差する）は一文字でXと表記される

10 原子レベルで超微細に材料を加工する技術のことを【　】テクノロジーと呼ぶ。

ナノ

11 平成のデジタル三種の神器とは、DVD/HDDレコーダー、プラズマ/液晶テレビ、【　】のこと。

デジタルカメラ

12 指紋や網膜などの身体特徴によって識別する生体認証技術のことを【　】と呼ぶ。

バイオメトリクス
英biometrics

53

業界別キーワード

⑤自動車・運輸サービス

●【 】にあてはまる言葉を答えよ。　●解答・解説

1 全地球測位システムの略称は【 】。

GPS
英Global Positioning System

2 ガソリンエンジンと電気モーターを併用した自動車を【 】と呼ぶ。

ハイブリッドカー
トヨタ・プリウス、ホンダ・インサイトなど

3 主に水素と酸素の化学反応で電気を起こす動力源を【 】と呼ぶ。

燃料電池

4 高速道路の自動料金収受システムのことを【 】と呼ぶ。

ETC
英Electronic Toll Collection System

5 カーナビを活用して交通規制などの情報を伝える道路交通情報通信のことを【 】と呼ぶ。

VICS（ビックス）
英Vehicle Information and Communication System

6 最寄りの交通機関までは車で行き、そこからは公共交通機関を利用するのは【 】システム。

パークアンドライド
英park-and-ride

7 光化学スモッグの原因となるNOxとは【 】酸化物の総称。

窒素
SOxは硫黄酸化物

8 貨物の輸送手段をより環境に優しい鉄道や航空機などに変更することを【 】と呼ぶ。

モーダルシフト
英modal shift

9 外部電源から受電できるタイプのハイブリッドカーの略称はアルファベット3文字で【 】。

PHV
英Plug-in Hybrid Vehicle
プラグインハイブリッドカー

10 欠陥商品などをメーカーが無償で回収、修理するきまりを【 】制度と呼ぶ。

リコール
英recall

11 自動車やパソコンの受注生産方式のことを【 】と呼ぶ。

BTO
英Build To Order

12 格安航空会社のことをアルファベット3文字で【 】と呼ぶ。

LCC
英Low-Cost Carrier

54

業界別キーワード

⑥エネルギー・環境

●【 】にあてはまる言葉を答えよ。　　●解答・解説

1 ガスなどから電気や熱など複数のエネルギーを取り出すことを【　】と呼ぶ。

コジェネレーション
英cogeneration

2 太陽光発電の発電パネルの原材料となる非結晶性物質のことを【　】という。

アモルファス
英amorphous

3 二酸化炭素やメタンなど地球温暖化の原因となる気体を【　】と呼ぶ。

温室効果ガス

4 気候変動枠組条約締約国会議の略称は【　】。

COP
英Conference of Parties

5 地中の頁岩層から採取される天然ガスを【　】と呼ぶ。

シェールガス
英shale gas

6 サトウキビ、トウモロコシ、家畜の糞尿などの生物資源を【　】と呼ぶ。

バイオマス
英biomass

7 サトウキビやトウモロコシなどを発酵させて製造したアルコール燃料を【　】と呼ぶ。

バイオエタノール
英bioethanol

8 核兵器の拡散を防止するための核不拡散条約の略称は【　】。

NPT
英Nuclear
Non-Proliferation Treaty

9 核の平和利用を推進し、核爆弾の製造を監視する国際原子力機関の略称は【　】。

IAEA
英International Atomic Energy
Agency

10 地下や海底下に存在するメタンガスと水分子が結合してできた、氷状の物質を【　】と呼ぶ。

メタンハイドレート
英methane hydrate

11 軽油を燃料としたエンジンは【　】エンジン。

ディーゼル
英diesel

12 液化石油ガスのことを【　】と呼ぶ。

LPG
英Liquefied Petroleum Gas

1 最新時事ワード

2 業界別キーワード

人物ファイル

55

業界別キーワード

⑦流通・商社・アパレル

● 【 】にあてはまる言葉を答えよ。　● 解答・解説

1 特定の国との間で結ばれる関税や輸入障壁に関する自由貿易協定を【 】と呼ぶ。

FTA
英Free Trade Agreement

2 締結国間の経済活動の円滑化を図るための経済連携協定の略称は【 】。

EPA
英Economic Partnership Agreement

3 日本が初めてFTAを結んだ相手国は【 】。

シンガポール

4 生産から流通・販売までの業務の流れを【 】チェーンと呼ぶ。

サプライ
英supply chain

5 生産から販売まで一貫して行うアパレルの企業形態のことを【 】と呼ぶ。

SPA
英Speciality store retailer of Private label Apparel

6 複数の独立した小売が連携して仕入れやブランドを共通化することを【 】チェーンと呼ぶ。

ボランタリー
英voluntary chain

7 スーパーのような小売が独自のブランドで販売する商品を【 】ブランドという。

プライベート
英private brand
メーカーブランドをナショナルブランドとも

8 食料品の流通経路の輸送距離を表示して、エネルギー削減を推進することを【 】という。

フードマイレージ
英food mileage

9 バーコードで商品情報を読み取り、瞬時に会計や売上の把握をするシステムを【 】と呼ぶ。

POS(ポス)
英Point Of Sales

10 書籍や音楽CDなど販売価格を維持する制度のことを【 】制度と呼ぶ。

再販
再販売価格維持制度

11 高級既製服のことをフランス語で【 】という。

プレタポルテ
仏prêt-à-porter
オーダーメードの高級服はオートクチュールという

12 貿易において、売り主が輸送する船舶に貨物を積み込むまで責任を持つ取引を【 】という。

FOB
英Free On Board

業界別キーワード

⑧サービス（旅行・ホテル）

●【　】にあてはまる言葉を答えよ。

●解答・解説

1
航空運賃とは別に、燃料代を徴収すること、あるいはその費用を燃油【　】と呼ぶ。

サーチャージ
圏surcharge

2
都市と農村の交流を目指した滞在型の旅行形態のことを【　】と呼ぶ。

グリーンツーリズム
圏green-tourism

3
自然環境や地域文化への理解を深めるための旅行形態のことを【　】と呼ぶ。

エコツーリズム
圏eco-tourism

4
日本政府が観光立国推進のために設けた省庁は【　】。

観光庁

5
観光立国推進のために日本政府が進めているのは【　】・キャンペーン。

ビジット・ジャパン
圏Visit JAPAN

6
「指宿」の地名のよみは【　】。

いぶすき
鹿児島県。砂むし温泉で有名

7
「三朝」の地名のよみは【　】。

みささ
鳥取県。高濃度のラドン含有量を誇る温泉で人気

8
「石見」銀山の地名のよみは【　】。

いわみ
島根県。2007年、世界遺産に登録

9
「ハラッパー」「モヘンジョダロ」がある国は【　】。

パキスタン

10
「マチュピチュ」がある国は【　】。

ペルー

11
「マサイマラ動物保護区」がある国は【　】。

ケニア

12
「バリ島」がある国は【　】。

インドネシア

57

業界別キーワード

⑨マスコミ・エンターテインメント

●【　】にあてはまる言葉を答えよ。　　　●解答・解説

1　「磊落」の漢字のよみは【　　】。

らいらく
ごうほうらいらく
豪放磊落（度量が広く、小さいこと
にこだわらないさま）

2　「山茶花」の漢字のよみは【　　】。

さざんか

3　「雲雀」の漢字のよみは【　　】。

ひばり

4　（四字熟語）百鬼【　　】行

夜
よみ ひゃっきやこう
得体の知れない人が多いこと

5　（四字熟語）捲土【　　】来

重
よみ けんどちょうらい
一度敗退したものが勢力を盛り返して
攻めること

6　第二次世界大戦後の日本で、日本社会党初の内閣総理大臣は【　　】。

片山哲
人日 よみ かたやまてつ

7　ナチスのアウシュヴィッツ収容所は【　　】国にあった。

ポーランド

8　裁判員制度で、有罪判決を出すには、裁判員と裁判官それぞれ【　　】名以上の賛成が必要となる。

1

9　非核三原則は核兵器を「持たず、作らず、【　　】」。

持ち込ませず

10　現在、少年法で罪が問われるのは【　　】歳以上。

14

11　面積の最も大きい日本の県は【　　】県。

岩手

12　「医者が患者に手術などの治療内容を説明すること」を【　　】という。

インフォームド・コンセント
英 informed consent

13	B to CのBを英語で書くと【　　】。	**Business** 英Business to Consumer
14	二千円札に描かれている人物は【　　】。	**紫式部** 人日よみ むらさきしきぶ 表面の建物は守礼門(沖縄県)
15	2021年に米英豪の3カ国は、中国に対抗して安保同盟【　　】を締結した。	**AUKUS(オーカス)** 英Australia・United Kingdom・United States
16	古希とは【　　】歳の賀寿。	**70**
17	「曇り」の天気図記号は【　　】。	**◎**
18	東京スカイツリーと東京タワーの全高を足すと【　　】m。	**967** 634m＋333m
19	「電子番組表」のことをアルファベット略語で【　　】という。	**EPG** 英Electronic Program Guide
20	契約外になった元プロ野球選手が復帰を目指して受ける合同テストを【　　】という。	**トライアウト**
21	フランスの作曲家ラヴェルの代表作で、1928年に作曲されたバレエ音楽は『【　　】』。	**ボレロ**
22	「ドイツ音楽三大B」は、バッハ、ベートーベン、【　　】。	**ブラームス**
23	2017年に村上春樹が著した小説のタイトルは、『【　　】殺し』。	**騎士団長**
24	世界三大珍味は、【　　】【　　】【　　】。	**フォアグラ、キャビア、トリュフ** (順不同)
25	日本三大珍味は、【　　】【　　】【　　】。	**うに、からすみ、このわた** (順不同)

イッキに！　人物ファイル

「これだけは覚えておくべき100人」＋「試験に出る注目の人物10人」をまとめました。

①政治・経済

	名　前	［出身国］	生年～没年	説　明
☐	吉田茂		1878～1967	元首相。サンフランシスコ平和条約締結（1951年）。麻生太郎元首相の祖父。
☐	片山哲		1887～1978	戦後初の日本社会党首相。
☐	佐藤栄作		1901～1975	元首相。日韓基本条約調印（1965年）。沖縄返還（1972年）。ノーベル平和賞受賞（1974年）。
☐	村山富市		1924～	元首相。社会党を中心とする連立政権。
☐	緒方貞子		1927～2019	1991～2000年まで国連難民高等弁務官事務所のトップ（国連難民高等弁務官）を務めた。
☐	アダム・スミス	［英国］	1723～1790	経済学者。主著は『国富論』。自由主義経済の始祖。
☐	ケインズ	［英国］	1883～1946	経済学者。主著は『雇用、利子および貨幣の一般理論』。近代経済学の理論体系を確立。
☐	潘基文	［韓国］	1944～	2007～2016年に第8代国連事務総長に就任。大韓民国出身。
☐	エマニュエル・マクロン	［フランス］	1977～	2017年のフランス大統領選挙において、極右政党である国民戦線のルペンを破って39歳の歴代最年少で大統領に就任。
☐	バラク・オバマ	［米国］	1961～	2009～2017年に第44代米国大統領に就任。民主党。現職の米大統領で初めて広島の平和記念公園を訪れた。
☐	ドナルド・トランプ	［米国］	1946～	2017年に第45代米大統領に就任。共和党。アメリカ第一主義を唱え、パリ協定離脱などを推進した。

②文　学

	名　前	［出身国］	生年～没年	説　明
☐	樋口一葉		1872～1896	女流作家。五千円札の肖像画。代表作『にごりえ』『たけくらべ』。
☐	直木三十五		1891～1934	文藝春秋社主の菊池寛が「直木三十五賞（通称直木賞）」を設けた。
☐	芥川龍之介		1892～1927	代表作『羅生門』。菊池寛が「芥川龍之介賞（通称芥川賞）」を設けた。
☐	川端康成		1899～1972	日本人初のノーベル文学賞を受賞。代表作『伊豆の踊子』『雪国』。
☐	川口松太郎		1899～1985	第1回直木賞を受賞。代表作『風流深川唄』『鶴八鶴次郎』『明治一代女』。
☐	石川達三		1905～1985	『蒼氓』で第1回芥川賞を受賞。
☐	太宰治		1909～1948	代表作『走れメロス』『人間失格』『斜陽』。2009年で生誕100年。
☐	大江健三郎		1935～2023	1994年に日本で2人目のノーベル文学賞受賞者に。代表作『飼育』。
☐	楊逸	［中国］	1964～	2008年度『時が滲む朝』で芥川賞を受賞。日本語を母語としない作家として初の受賞に。
☐	金原ひとみ		1983～	2003年度『蛇にピアス』で芥川賞を受賞。綿矢りさと同時受賞し、若い女性作家の受賞として話題となった。
☐	綿矢りさ		1984～	2003年度『蹴りたい背中』で芥川賞を受賞。当時19歳で最年少受賞。
☐	朝井リョウ		1989～	2012年度『何者』で直木賞を男性受賞者として最年少で受賞。
☐	黒田夏子		1937～	2012年度『abさんご』で芥川賞を史上最年長（75歳9カ月）で受賞。

	[出身国]	生年〜没年	説明
☐ シェークスピア	[英国]	1564〜1616	代表作『ハムレット』『マクベス』『オセロ』『じゃじゃ馬ならし』。
☐ J・R・R・トールキン	[英国]	1892〜1973	代表作『指輪物語』。映画化された『ロード・オブ・ザ・リング』が大ヒット。
☐ カフカ	[チェコ]	1883〜1924	代表作『変身』『審判』『城』。
☐ J・K・ローリング	[英国]	1965〜	代表作『ハリーポッターと賢者の石』『ハリーポッターと秘密の部屋』他。シリーズ全7巻。

③科　学

名　前	[出身国]	生年〜没年	説　明
☐ 小林誠		1944〜	2008年「対称性の破れによるクオーク世代の予言」によりノーベル物理学賞受賞。
☐ 益川敏英		1940〜2021	2008年「対称性の破れによるクオーク世代の予言」によりノーベル物理学賞受賞。
☐ 南部陽一郎		1921〜2015	2008年「自発的対称性の破れ」により、ノーベル物理学賞受賞。
☐ 下村脩		1928〜2018	2008年「緑色蛍光タンパク質（GFP）の発見と開発」によりノーベル化学賞受賞。
☐ 鈴木章		1930〜	2010年「クロスカップリングの開発」によりノーベル化学賞受賞。
☐ 根岸英一		1935〜2021	2010年「クロスカップリングの開発」によりノーベル化学賞受賞。
☐ ケプラー	[ドイツ]	1571〜1630	惑星の運動に関する法則（ケプラーの法則）を発見した天文学者。
☐ パスカル	[フランス]	1623〜1662	「パスカルの原理」「パスカルの定理」。「人間は考える葦である」の言葉で有名。
☐ ジェンナー	[英国]	1749〜1823	種痘法（ワクチン）を発明したことで有名な医学者。
☐ ダーウィン	[英国]	1809〜1882	『種の起源』を著した生物学者。「ダーウィンの進化論」を提唱。
☐ メンデル	[オーストリア]	1822〜1884	「メンデルの法則」と呼ばれる遺伝に関する法則を発見。
☐ ハッブル	[米国]	1889〜1953	現代の宇宙論の基礎を築いた天文学者。その功績から、宇宙望遠鏡にその名がつけられた。
☐ ジョン・ガードン	[英国]	1933〜	生物学者。核移植の研究によって、2012年ノーベル生理学・医学賞を受賞。

④思想・哲学

名　前	[出身国]	生年〜没年	説　明
☐ 孔子	[中国]	紀元前551〜紀元前479	春秋時代の中国の思想家。その言行は弟子により『論語』にまとめられた。
☐ 孫子	[中国]	詳細不明	中国春秋時代の武将、孫武の尊称。著した兵法書が有名。
☐ ソクラテス	[古代ギリシャ]	紀元前470〜紀元前399	プラトンの師。「無知の知」の言葉で有名。
☐ プラトン	[古代ギリシャ]	紀元前427〜紀元前347	ソクラテスの弟子。「徳は知である」の言葉で有名。著『ソクラテスの弁明』。
☐ アリストテレス	[古代ギリシャ]	紀元前384〜紀元前322	プラトンの弟子。「万学の祖」と呼ばれる。アレクサンドロス大王の家庭教師。
☐ ベーコン	[英国]	1561〜1626	キリスト教神学者、物理学者、哲学者、法律家。「知は力なり」の言葉で有名。
☐ デカルト	[フランス]	1596〜1650	近代哲学の父。「我思う、ゆえに我あり」の言葉で有名。著『方法序説』。
☐ モンテスキュー	[フランス]	1689〜1755	政治思想家。三権分立を説き、フランス革命などに影響を与えた。著『法の精神』。
☐ ルソー	[フランス]	1712〜1778	政治思想家。フランス革命などに多大な影響を与えた。著『社会契約論』など。

名前	[出身国]	生年〜没年	説明
☐ カント	[ドイツ]	1724〜1804	観念論哲学の祖。批判哲学を提唱。著『純粋理性批判』『実践理性批判』。
☐ ニーチェ	[ドイツ]	1844〜1900	実存主義哲学の先駆者。著『ツァラトゥストラはかく語りき』『悲劇の誕生』。
☐ サルトル	[フランス]	1905〜1980	実存主義の哲学者・作家。「実存は本質に先立つ」と主張。著『存在と無』。

⑤音　楽

名　前	[出身国]	生年〜没年	説　明
☐ バッハ	[ドイツ]	1685〜1750	「ドイツ三大B」の一人で「音楽の父」とも呼ばれる。『マタイ受難曲』など。
☐ モーツァルト	[オーストリア]	1756〜1791	「古典派三巨匠（ハイドン・モーツァルト・ベートーベン）」の一人。『魔笛』など。
☐ ベートーベン	[ドイツ]	1770〜1827	「ドイツ三大B」「古典派三巨匠」の一人で「楽聖」とも呼ばれる。『運命』など。
☐ シューベルト	[オーストリア]	1797〜1828	「歌曲の王」と呼ばれる。『野ばら』『魔王』など。
☐ ショパン	[ポーランド]	1810〜1849	「ピアノの詩人」と呼ばれる。『小犬のワルツ』『別れの曲』など。
☐ ワーグナー	[ドイツ]	1813〜1883	「歌劇の王」と呼ばれる。『ニーベルングの指環（ワルキューレの騎行）』など。
☐ ブラームス	[ドイツ]	1833〜1897	「ドイツ三大B」の一人。『ハンガリー舞曲』『ドイツレクイエム』など。
☐ チャイコフスキー	[ロシア]	1840〜1893	『くるみ割り人形』『白鳥の湖』など。
☐ プッチーニ	[イタリア]	1858〜1924	『トスカ』『トゥーランドット』『蝶々夫人』など。
☐ ラヴェル	[フランス]	1875〜1937	『ボレロ』『展覧会の絵』など。

⑥芸　能

名　前	生年〜没年	説　明
☐ 観阿弥	1333〜1384	南北朝期に子・世阿弥とともに能を完成。
☐ 世阿弥	1363〜1443	南北朝期に父・観阿弥とともに能を完成。能楽論『風姿花伝』著。
☐ 千利休	1522〜1591	安土桃山時代の茶人で日本茶道の大成者。「わび茶」の完成者で「茶聖」とも称される。
☐ 中村勘三郎	1598〜1658	中村姓の歌舞伎役者の始祖。五代目中村勘九郎が十八代目中村勘三郎を襲名（2005年）。
☐ 林家正蔵	1781〜1842	江戸噺家（落語家）の林家の始祖。林家こぶ平が九代目林家正蔵を襲名（2005年）。
☐ 柳家小さん（五代目）	1915〜2002	1995年、落語界初の人間国宝に認定。
☐ 林家三平	1925〜1980	「爆笑王」の異名をもつ落語家。子・林家いっ平が二代目林家三平を襲名（2009年）。
☐ 三遊亭圓楽（六代目）	1950〜2022	三遊楽太郎が六代目三遊亭圓楽を襲名（2010年）。
☐ 美空ひばり	1937〜1989	1989年、女性歌手で初めて国民栄誉賞を受賞。

⑦建築・美術

名　前	[出身国]	生年〜没年	説　明
☐ 丹下健三		1913〜2005	建築家。「広島平和記念資料館」「国立代々木競技場」「東京都庁舎」など。
☐ 安藤忠雄		1941〜	建築家。「サントリーミュージアム」「表参道ヒルズ」「地下鉄副都心線渋谷駅」など。

	生年～没年	説明
☐ 隈研吾	1954～	建築家。オリンピック会場となった「国立競技場」「高輪ゲートウェイ駅」など。
☐ レオナルド・ダ・ビンチ [イタリア]	1452～1519	ルネサンス期を代表する芸術家。『モナ・リザ』『最後の晩餐』など。
☐ ミケランジェロ [イタリア]	1475～1564	画家・彫刻家。『最後の審判』『ダビデ像』『モーゼ像』『天地創造』など。
☐ モネ [フランス]	1840～1926	印象派の画家。『睡蓮』『散歩-日傘をさす女』など。
☐ ルノワール [フランス]	1841～1919	印象派の画家。『ムーラン・ド・ラ・ギャレットの舞踏会』『桟敷席』など。
☐ ゴッホ [オランダ]	1853～1890	印象派の画家。『ひまわり』『収穫』『アルルの跳ね橋』など。
☐ ガウディ [スペイン]	1858～1926	建築家。「サグラダ・ファミリア教会」「グエル教会」「カサ・ミラ」など。
☐ ピカソ [スペイン]	1881～1973	画家。『ゲルニカ』『アビニヨンの娘たち』など。
☐ ヨーン・ウツソン [デンマーク]	1918～2008	現代の建築家。シドニーの「オペラハウス」など。

⑧映　画

名　前	生年～没年	説　明
☐ 小津安二郎	1903～1963	映画監督。『東京物語』『麦秋』『晩春』など。独特の低いカメラアングルが特徴。
☐ 黒澤明	1910～1998	映画監督。1952年『羅生門』がアカデミー賞名誉賞(現・外国語映画賞)。
☐ 今村昌平	1926～2006	映画監督。1997年『うなぎ』がカンヌ国際映画祭パルムドールを受賞。
☐ 宮崎駿	1941～	アニメーション作家・映画監督。2003年『千と千尋の神隠し』がアカデミー賞長編アニメ賞。
☐ 北野武	1947～	映画監督。2016年フランスの「レジオン・ドヌール勲章」を受章。
☐ 滝田洋二郎	1955～	映画監督。2009年『おくりびと』がアカデミー賞外国語映画賞。
☐ 是枝裕和	1962～	映画監督。カンヌ国際映画祭で2013年『そして父になる』で審査員賞、2018年『万引き家族』でパルムドール受賞。
☐ 河瀬直美	1969～	映画監督。1997年『萌(もがり)の森』がカンヌ国際映画祭グランプリ。東京五輪公式記録映画監督。
☐ 柳楽優弥	1990～	俳優。2004年カンヌ国際映画祭にて、当時14歳で史上最年少の最優秀主演男優賞。

⑨スポーツ

名　前	生年～没年	説　明
☐ 釜本邦茂	1944～	元サッカー選手。メキシコシティー五輪(1968年)で日本代表が銅メダルをとったときの得点王。
☐ 奥寺康彦	1952～	日本人で最初のプロサッカー選手。1977年にドイツ(ブンデスリーガ)の1.FCケルンに移籍。
☐ 中山雅史	1967～	日本人初のFIFAワールドカップ得点者(1998年仏大会・ジャマイカ戦)。
☐ イチロー(鈴木一朗)	1973～	元プロ野球選手。2016年にピート・ローズの持つMLB通算最多4256安打を日米通算で抜く。
☐ 北島康介	1982～	元男子競泳選手。アテネ並びに北京五輪100m平泳ぎ、200m平泳ぎの金メダリスト。
☐ 大坂なおみ	1997～	テニス選手。日本人の母親とハイチ系アメリカ人の父親を持つ。2018年、2020年の全米オープン、2019年の全豪オープンで優勝。
☐ 澤穂希	1978～	元女子サッカー選手。2011年FIFA女子ワールドカップで、日本代表主将として優勝。2011年度FIFA最優秀選手賞を受賞。
☐ 八村塁	1998～	バスケットボール選手。2019年にNBAのドラフトで日本人初の一巡目指名を受けてワシントン・ウィザーズに入団。

63

⑩試験に出る！注目の人物

	名　前	［出身国］	生年〜没年

□ ジョー・バイデン　［米国］　1942〜

第46代米国大統領(民主党)。第59回大統領選挙で、共和党候補(当時現職)のトランプと激しく争った。就任後は、トランプ政権下で離脱した「パリ協定」への復帰、アフガニスタンからの米軍撤退を実施した。

写真:ロイター＝共同

□ カマラ・ハリス　［米国］　1964〜

米国カリフォルニア州の上院議員。民主党。ジャマイカとインドからの移民2世。元検事。バイデンにより、副大統領に指名された。

写真:ロイター＝共同

□ ウラジーミル・プーチン　［ロシア］　1952〜

ロシア連邦第2代・第4代大統領。エリツィン大統領の辞任後、2000年に初就任。第3代のメドベージェフ大統領政権下でも首相を務め、実質的に長期政権を続けている。

写真:スプートニク＝共同

□ ヴォロディミル・ゼレンスキー　［ウクライナ］　1978〜

ウクライナ第6代大統領。元コメディアン、番組製作者。テレビドラマ「大統領の僕」の主役を務めて人気を博し、実際に大統領選挙に出馬、当選した。ロシアのウクライナ侵攻に対抗して、欧米への軍事支援を求めた。

写真:ZUMA Press＝共同

□ エフゲニー・プリゴジン　［ロシア］　1961〜2023

ロシアの民間軍事会社「ワグネル」の創設者で新興富裕層「オリガルヒ」のひとり。ロシアのウクライナ侵攻において軍事的に大きな役割を担った。2023年7月に、「ワグネル反乱」と呼ばれる動きを見せたが数日で終息。8月に暗殺とみられる飛行機墜落事故で死亡した。

写真:ZUMA Press＝共同

□ アレクサンドル・ルカシェンコ　［ベラルーシ］　1954〜

ロシアの隣国ベラルーシの大統領。1994年の初当選以降、6期連続で大統領に就任し、「ヨーロッパ最後の独裁者」と呼ばれる。親露反米派で、ロシアのウクライナ侵攻に協力的な立場をとった。

写真:タス＝共同

□ リシ・スナク　［イギリス］　1980〜

イギリスの第79代首相。元財務大臣。保守党党首、下院(庶民院)議員。英国史上初のインド系首相。

写真:ZUMA Press＝共同

□ 馬場咲希　［日本］　2005〜

アマチュア女子ゴルフ選手。2022年の全米女子アマチュアゴルフ選手権で優勝。1985年の服部道子以来37年ぶり、史上2人目。

写真:共同

□ 国枝慎吾　［日本］　1984〜

東京パラリンピック2020の車いすテニス男子シングルスで金メダル。パラリンピック5大会連続のメダリスト。2022年に史上初の生涯ゴールデンスラム(グランドスラム+五輪金メダル)達成。

写真:共同

□ 藤井聡太　［日本］　2002〜

最年少プロ棋士として、プロデビュー以来29連勝し歴代連勝記録を塗り替えた。2022年に史上初の10代で五冠(竜王・王位・叡王・王将・棋聖)に。さらに2023年に棋王・名人・王座のタイトルを獲得して前人未到の八冠を達成した。

写真:共同

イッキに内定！

一般&常識
時事

一問一答

角倉 裕之 著

高橋書店

本書の特長と使い方

試験に出る一般常識をギュッと凝縮しコンパクトにまとめました！ 短期間で必要十分な知識を身に付けられるよう、さまざまな工夫を凝らしています。

●就職試験の「頻出ポイント」が押さえられる！

出題範囲の広い一般常識は、やみくもに勉強していても非効率的なだけ。 本書では、左ページの「イッキにPOINT!」で本当に試験に出る内容を集中整理。特に大切なポイントには **重要** を付けています。

●繰り返しチェックできる「一問一答」＆「赤チェックシート」！

ポイントが整理できたら、右ページの「イッキにCHECK!」で一問一答に挑戦！ とりわけよく出る問題には **頻出** が、新傾向の問題には **新傾向** が、それぞれ付いているので、試験直前に確認しておきたい問題をまとめて再チェックできます。

●字の読めないストレスも一切ナシ！

字は知っていても読みに自信がない、読み間違いをして恥をかいた……身に覚えがあるはずです。日頃から学生と接触の多い著者が、見当をつけた「学生の読めなそうな」言葉や用語の漢字にはルビを付けています。

●充実の1087問を収録！

持ち運びがラクラクのハンディサイズだから、いつでもどこでもすぐに勉強できます。 しかも人気企業やマスコミでよく出る問題ばかり！ 一般企業 マスコミ で難易度も分かります。

■記号説明

人 …人名　よみ …読み方　略 …略語　訳 …訳語　類 …類義語　注 …注釈　英 …英語　仏 …フランス語　日米英仏独韓 など …出身国

目　次
Contents

●本書の特長と使い方

第1章 政治・経済

01 国会のしくみ …………… 6
02 選挙のしくみ …………… 8
03 内閣と行政のしくみ … 10
04 日本国憲法 …………… 12
05 法令・司法 …………… 14
06 戦後日本の政治史 …… 16
07 経済用語 ……………… 18
08 経済論・経済史 ……… 20
09 経営 …………………… 22
10 金融・株式 …………… 24
11 戦後日本の経済史 …… 26
COLUMN 数字で見る経済 …… 28

第2章 国際

12 国連のしくみ ………… 30
13 国際機関 ……………… 32
14 国際略語 ……………… 34
15 条約・協定・宣言 …… 36
16 アメリカ・ヨーロッパ… 38
17 アジア・アフリカ …… 40
18 国際経済 ……………… 42
COLUMN 数字で見る国際 …… 44

第3章 社会・地理

19 社会・生活 …………… 46
20 コンピュータ・情報通信(単位) 48
21 環境 …………………… 50
22 地理学・地図 ………… 52
23 都道府県 ……………… 54
24 温泉・祭り・焼き物… 56
25 日本地理・地形① …… 58
26 日本地理・地形② …… 60
27 世界地理・地形① …… 62
28 世界地理・地形② …… 64
29 世界の主な国①
　　アメリカ・ヨーロッパ… 66
30 世界の主な国②
　　アジア・アフリカ …… 68
COLUMN 間違えやすい国旗…… 70

第4章 歴史・文化

31 日本史① ……………… 72
32 日本史② ……………… 74
33 世界史① ……………… 76
34 世界史②（革命・戦争）… 78
35 音楽 …………………… 80
36 建築・美術 …………… 82
37 伝統芸能 ……………… 84
38 映画・演劇・テレビ … 86
39 哲学・思想 …………… 88
COLUMN 20世紀の偉人たち … 90

第5章 国語・文学・教養

40 よく出る漢字 ………… 92
41 難読漢字① …………… 94
42 難読漢字②（分野別）… 96
43 同音・同訓異義語 …… 98
44 四字熟語 ……………100
45 ことわざ・慣用句 …102
46 誤文訂正 ……………104
47 敬語 …………………106
48 日本文学 ……………108
49 世界文学 ……………110
50 名数 …………………112
51 しきたり・マナー …114
52 賀寿・旧暦 …………116
COLUMN 魚へんの漢字 ………118

第6章 英語

53 英語構文① …………120
54 英語構文② …………122
55 頻出熟語① …………124
56 頻出熟語② …………126
57 英語のことわざ ………128
58 時事英語 ……………130
59 カタカナ語 …………132
COLUMN ビジネス英語 ………134

第7章 数学・理科

60 計算式 ………………136
61 損益算・鶴亀算 ………138
62 関数 …………………140
63 数の性質・n進法 ……142
64 面積・体積・周 ……144
65 角度 …………………146
66 集合・確率 …………148
67 その他のパターン問題…150
68 化学 …………………152
69 生物・健康 …………154
70 気象・地学 …………156
71 物理 …………………158

編集協力　株式会社まどか

第1章

政治・経済

01 【第1章】政治・経済
国会のしくみ

一般企業 / マスコミ

ココがでる！

意外と複雑な国会のしくみ。整理して正確な知識を身に付けましょう。

イッキに POINT!

●日本国憲法における国会の規定は？

- □ 第四一条 国会は、国権の最高機関であつて、国の唯一の立法機関である。
- □ 第四二条 国会は、衆議院及び参議院の両議院でこれを構成する。

●二院制とは？

- □ 日本の衆議院と参議院のように、2つの合議体によって国会が構成されること。
- □ 米国＝上院・下院。　□ 英国＝貴族院(上院)・庶民院(下院)。

●衆議院の優越とは？　重要

- □ 衆議院・参議院は原則として同等の権限を有するが、解散があり、任期が短い衆議院には7つの優越的権限が与えられている。
- □ ①法律案の議決　②予算の議決　③条約の承認
  ④内閣総理大臣の指名　⑤内閣不信任決議・内閣信任決議
  ⑥通常・臨時・特別国会の会期延長　⑦両院協議会の請求

●国会の種類と会期は？

種類	召集	主な議題	会期
□ 常会(通常国会)	年1回、1月中に召集	次年度の予算の審議	150日
□ 臨時会(臨時国会)	内閣が必要と認めたとき、または衆参いずれかの議院の総議員の4分の1以上の要求があったとき	臨時の議題の審議	衆参両院の協議で決める
□ 特別国会(特別会)	衆議院解散による総選挙から30日以内に召集	内閣総理大臣の指名	
□ 緊急集会	衆議院解散中、国会の議決が必要な緊急の場合に、内閣が召集する参議院の集会	緊急の議題の審議	議決後、閉会

●両院協議会とは？

- □ 衆議院と参議院の議決が異なった場合
  衆参両院各10名が出席して開催。これで決まらない場合、衆議院の議決を優先。

●証人喚問・参考人招致とは？

- □ 国会で関係者や専門家の意見を聞く制度
  証人喚問は出廷の義務あり、偽証罪も。
  参考人招致は罪に問われない。

●解散プロセスは？　重要

- □ 内閣不信任案可決(信任案否決)

　↓10日以内

- □ 衆議院解散　or　□ 内閣総辞職

　↓40日以内

- □ 総選挙

　↓30日以内

- □ 特別国会(新総理の指名)

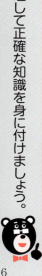

イッキに CHECK!

□ 月 日

■【 】にあてはまる言葉を答えよ。

■解答・解説

☑ **1** 国会は、【 】の最高機関であって、国の唯一の【 】機関である。

国権、立法
日本国憲法第四一条。

☑ **2** 通常国会は年【 】回開かれる。

1
常会とも呼ぶ。

☑ **3** 通常国会の会期は【 】日。

150
1回だけ延長できる。

☑ **4** 【頻出】 国会の本会議の定足数は、各議院の総議員の【 】である。

3分の1以上
日本国憲法第五六条。

☑ **5** 国会の本会議の決議条件は、出席議員の【 】の賛成である。

過半数
日本国憲法第五六条。

☑ **6** 【頻出】 衆議院の解散後に初めて召集されるのは【 】国会である。

特別
特別会とも呼ぶ。

☑ **7** 国会議員の自由な活動を保障するための議員特権は、「免責特権」と【 】など。

不逮捕特権
特に国会開会中の逮捕には厳しい制限がある。免責特権…議員は院外で責任を問われない。

☑ **8** 【新傾向】 重要な法案について、専門家などの意見を聞くために開かれるのは【 】会。

公聴

☑ **9** 【新傾向】 【 】の前に、「良心に従って真実を述べ何事も隠さず何事も付け加えない」と宣誓する。

証人喚問
ロッキード事件の「記憶にございません」という発言は流行語に。うそをつくと偽証罪となる。

☑ **10** 【新傾向】 国会で「関係者に話を聞かせてもらう」ために人を招くことを【 】という。

参考人招致
証人喚問と異なり、偽証罪には問われない。

☑ **11** 内閣総理大臣の指名には、衆議院の【 】がある。

優越
ほかに、法律案の議決、予算の議決、条約の承認などで認められている。

☑ **12** ある特定分野に通じ、政策決定に大きな影響力をもつ政治家のことを、【 】議員と呼ぶ。

族
影響力のある分野ごとに、「郵政族」「厚生族」などと呼ぶ。

1 政治・経済
2 国際
3 社会・地理
4 歴史・文化
5 国語・文学・教養
6 英語
7 数学・理科

【第1章】政治・経済

02 選挙のしくみ

一般企業 / マスコミ

ココがでる！

各選挙制度の特徴をチェックしましょう。

イッキに POINT!

●日本の選挙の特徴は？

❶無記名投票のこと

□ 三大特徴：①普通選挙 ②秘密選挙 ③直接選挙。

●選挙の種類と違いは？ 重要

□【任期】参議院のみ6年（3年ごとに半数改選）。その他は4年。
□【選挙権の年齢】2016年から18歳以上。以前は20歳以上。
□【被選挙権（立候補）の年齢】
　衆議院議員、市区町村長は25歳以上。
　参議院議員、都道府県知事は30歳以上。
□【議員定数】参議院定数：6増0減　衆議院定数：10増10減

	任期	被選挙権	定数	選挙区	定数内訳
衆議院	4年	25歳以上	465人	小選挙区	289人
				比例代表	176人
参議院	6年 [3年で半数改選]	30歳以上	248人 (245人)	選挙区	148人(147人)
				比例代表	100人(98人)

都道府県知事	4年	30歳以上
都道府県議会議員	4年	25歳以上
市区町村長	4年	25歳以上
市区町村議員	4年	25歳以上

❶2018年7月、参議院議員定数を6増0減とする改正公職選挙法が成立したが、令和元年7月29日から令和4年7月25日までの間は定数245人。上表では（ ）内の人数。令和4年7月26日以降は248人。

●代表制とは？

□【比例代表制】
各政党の得票数に応じて議席を配分する。　▶

□【少数代表制】
多くの意見を取り入れるために、定数範囲ならば得票順に複数当選できる。

□【多数代表制＝
　　　　小選挙区制】
最も得票数が多かった候補者だけが当選できる。

❗ 少数代表制と小選挙区制を混同しないように！

●非拘束名簿/ドント式とは？ 重要

比例代表制のうち…

□【拘束名簿式】
選挙の際に、政党名だけを記入できる。

□【非拘束名簿式】
政党名と個人名の票の合計で配分。

□【ドント式】
非拘束名簿式の得票数を当選議席数に変換する計算方法。各政党票を整数で割って算出。

（例）
A党(1000票)、B党(800票)、C党(500票)がドント式で7議席を争う場合の当選議席数。

	A党	B党	C党
÷1)	①1000	②800	④500
÷2)	③500	⑤400	250
÷3)	⑥333	⑦266	166
	3議席	3議席	1議席

8

イッキに CHECK!

☑ 月 日

■【　】にあてはまる言葉を答えよ。

☑ **1** 令和4年7月26日以降、日本の国会議員の定数は衆議院と参議院を合わせると【　】人。

☑ **2** 参議院の任期は【　】年で、【　】年ごとに半数が改選される。

☑ **3** 都道府県知事の被選挙権をもてるのは【　】歳以上である。

☑ **4** 区議会議員の被選挙権をもてるのは【　】歳以上である。

☑ **5** 日本で初めて、男女平等の選挙権が認められたのは、【　】年12月である。

☑ **6** 1選挙区について、議員1人を選出する選挙制度を【　】制と呼ぶ。

☑ **7** 各政党の得票数に比例した議席を配分する選挙方法は【　】制。

☑ **8** 政党の獲得議席を、政党名と個人名の票の合計に応じて配分する方法は、【　】式。

☑ **9** 比例代表制において、得票数を議席に変換する際に、得票数を整数で割るのは【　】式。

☑ **10** 人口に応じて都道府県の議席数を配分する方式は【　】方式。

☑ **11** 党の方針を明文化した政権公約の文書のことを【　】と呼ぶ。

☑ **12** 国会議員などの選挙が公正に行われるように、選挙方法などを規定しているのは【　】法。

■解答・解説

713
参議院248名。
参議院議員定数を6増0減とする改正公選法が2018年成立。

6、3

30
被選挙権30歳以上＝参議院議員、都道府県知事。

25
被選挙権25歳以上＝衆議院議員、都道府県議会議員、市区町村長、市区町村議会議員。

1945
昭和20年（終戦直後）。同時に選挙権の年齢が25歳以上から20歳以上に引き下げられた。

小選挙区
死票がでやすく、少数意見を反映しにくくなる欠点がある。

比例代表

非拘束名簿
比例代表制には、「非拘束名簿式」と、政党名だけを記入する「拘束名簿式」がある。

ドント
POINT!を参照のこと。

アダムズ

マニフェスト
英manifesto　伊語が語源。

公職選挙

---

1 政治・経済

2 国際

3 社会・地理

4 歴史・文化

5 国語・文学・教養

6 英語

7 数学・理科

9

【第1章】政治・経済
03 内閣と行政のしくみ

一般企業 / マスコミ

ココがでる!
三権分立は基本中の基本! 相互の抑制をマスターしましょう。

イッキにPOINT!

●三権分立とは? 【重要】

□ 権力が一つの機関に集中しないように、立法権、行政権、司法権の三権に分け、異なる機関に分担させるしくみのこと。

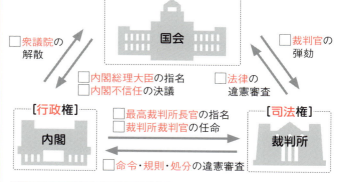

- [立法権] 国会
- □ 衆議院の解散
- □ 裁判官の弾劾
- □ 内閣総理大臣の指名
- □ 内閣不信任の決議
- □ 法律の違憲審査
- [行政権] 内閣
- □ 最高裁判所長官の指名
- □ 裁判所裁判官の任命
- [司法権] 裁判所
- □ 命令・規則・処分の違憲審査

●日本国憲法における内閣の規定は?

□ **第六五条** 行政権は、内閣に属する。
□ **第六六条**
　□ ①内閣は、法律の定めるところにより、その首長たる内閣総理大臣及びその他の国務大臣でこれを組織する。
　□ ②内閣総理大臣その他の国務大臣は、文民でなければならない。
　□ ③内閣は、行政権の行使について、国会に対し連帯して責任を負ふ。

●内閣総辞職とは? 【重要】

憲法の定める内閣総辞職は次の3つ
□ 衆議院で内閣不信任案が可決、もしくは信任案が否決され、10日以内に内閣が衆議院の解散を行わないとき(第六九条)
□ 内閣総理大臣が欠けたとき(第七〇条)
□ 総選挙後はじめて国会の召集があったとき(第七〇条)

●大臣政務官、事務次官とは?

□ 【大臣政務官】副大臣の下に置かれる国家公務員の特別職で、主に国会議員から選ばれる。
□ 【事務次官】国務大臣を助けるために、各府省に1人だけ置くことのできる官僚のトップ。

イッキにCHECK!

□ 月 日

■【 】にあてはまる言葉を答えよ。

□1 頻出
行政の最高機関は、【 】である。

□2
内閣の意思決定をするために、総理大臣と国務大臣が集まって行われる会議は【 】。

□3 新傾向
副大臣の下に置かれる国家公務員の特別職で、主に国会議員から選ばれるのは、【 】官。

□4
総理大臣、大臣、大臣政務官は国家公務員の【 】である。

□5 新傾向
国務大臣を助けるために、各府省に1人だけ置く官僚のトップは【 】官。

□6 新傾向
テレビ放送、携帯電話、日本郵政グループの管轄省庁は【 】省である。

□7 新傾向
2008年に発足した「観光庁」は【 】の外局である。

□8
2001年の省庁再編時に「沖縄開発庁」は【 】に統合された。

□9
国および地方公共団体で普通の歳入歳出を管理するのは【 】会計。

□10
使途が公共事業などの社会資本に限られているのは【 】国債。

□11 新傾向
国立大学や国立博物館など、以前は省庁下にあった組織が【 】法人に改組された。

□12 新傾向
特定の行政目的や公共目的のために、特別の法律によって設立されるのは【 】法人。

■解答・解説

内閣
内閣総理大臣と国務大臣から構成される。

閣議
主宰は内閣総理大臣。「閣議」での決定事項を「閣議決定」と呼ぶ。

大臣政務

特別職

事務次
特別職に対して、一般職と呼ぶ。防衛事務次官は特別職。

総務
2001年の省庁再編で総務庁、自治省、郵政省が統合された。

国土交通省
国土交通省は、2001年に建設省、運輸省、国土庁、北海道開発庁が統合されて発足した。

内閣府

一般
特定の歳入を特定の歳出にあてるのは特別会計。

建設
建設国債以外は赤字国債と呼ぶ。

独立行政
英サッチャー政権のエージェンシー制がモデル。

特殊
官僚の天下り先として問題になっている。

1 政治・経済
2 国際
3 社会・地理
4 歴史・文化
5 国語・文学・教養
6 英語
7 数学・理科

04 【第1章】政治・経済
日本国憲法

一般企業 / マスコミ

ココがでる！
公布・施行時期、三大原則、三大義務、基本的人権を押さえよう！

イッキに POINT!

●日本国憲法は何章何条ある？ いつできた？ 【重要】

- □ 11章 103条
- □ 公布：1946年11月3日 ❶文化の日だよ！
- □ 施行：1947年5月3日 ❶憲法記念日だよ！

●三大原則とは？ 【重要】

- □ ①国民主権（第一条）　□ ②基本的人権の尊重（第一一条）
- □ ③平和主義（前文・第九条）

●国民の三大義務とは？ 【重要】

- □ ①納税の義務　□ ②勤労の義務
- □ ③子女に普通教育を受けさせる義務

●基本的人権とは？ 【重要】

□ 人間が生まれながらにしてもっている人間らしく生きる権利

- □ 自由権
  ①精神的自由 ②身体的自由 ③経済的自由
- □ 平等権
  ①法の下の平等
  ②男女の平等
- □ 社会権
  ①生存権 ②教育を受ける権利 ③勤労の権利 ④労働基本権

□ 基本的人権を守るための権利
- □ 参政権
- □ 請求権　❶裁判を受ける権利（第三二条）、国家に対する損害賠償請求権（第一七条）など

●代表的な条文とは？

- □ 第一条　天皇は、日本国の象徴であり日本国民統合の象徴であつて、この地位は、主権の存する日本国民の総意に基く。
- □ 第九条　①日本国民は、正義と秩序を基調とする国際平和を誠実に希求し、国権の発動たる戦争と、武力による威嚇又は武力の行使は、国際紛争を解決する手段としては、永久にこれを放棄する。
  ②前項の目的を達するため、陸海空軍その他の戦力は、これを保持しない。国の交戦権は、これを認めない。
- □ 第一九条　思想及び良心の自由は、これを侵してはならない。
- □ 第二五条　①すべて国民は、健康で文化的な最低限度の生活を営む権利を有する。
  ②国は、すべての生活部面について、社会福祉、社会保障及び公衆衛生の向上及び増進に努めなければならない。

12

イッキに CHECK!

☑ 月 日

■【 】にあてはまる言葉を答えよ。

■解答・解説

☑ **1** 頻出
日本国憲法が公布されたのは、【 】年【 】月【 】日である。

1946、11、3
昭和21年。

☑ **2** 頻出
日本国憲法が施行されたのは、【 】年【 】月【 】日である。

1947、5、3
昭和22年。憲法記念日に制定された。

☑ **3**
日本国憲法は、前文ならびに【 】章【 】条で構成される。

11、103

☑ **4** 頻出
日本国憲法の三大原則は、国民主権、平和主義、【 】である。

基本的人権の尊重

☑ **5** 頻出
日本国憲法で定められた国民の三大義務は、【 】、勤労の義務、納税の義務である。

子女に普通教育を受けさせる義務
日本国憲法第二六条。「その能力に応じて、ひとしく教育を受ける権利」も有する。

☑ **6**
(第九条)日本国民は、【 】と【 】を基調とする国際平和を誠実に希求し、…

正義、秩序
日本国憲法第九条。

☑ **7** 頻出
(第九条)【 】の発動たる戦争と、武力による威嚇又は武力の行使は、…

国権
日本国憲法第九条の続き。

☑ **8**
(第九条)【 】を解決する手段としては、永久にこれを放棄する。

国際紛争
日本国憲法第九条の続き。

☑ **9**
日本国憲法において、天皇は「日本国の象徴であり【 】の象徴」とされている。

日本国民統合
日本国憲法第一条。

☑ **10**
天皇の国事に関するすべての行為には、内閣の【 】を必要とし、内閣がその責任を負ふ。

助言と承認
日本国憲法第三条。

☑ **11**
日本国憲法において「思想及び【 】の自由は、これを侵してはならない」とされている。

良心
日本国憲法第一九条。

☑ **12**
「健康で文化的な最低限度の生活を営む権利」を【 】権と呼ぶ。

生存
日本国憲法第二五条。

---

1 政治・経済

2 国際

3 社会・地理

4 歴史・文化

5 国語・文学・教養

6 英語

7 数学・理科

05 【第1章】政治・経済
法令・司法

一般企業 / マスコミ

ココがでる！
法令、六法の種類、三審制、違憲立法審査権が頻出！

イッキに POINT!

●法令の種類と優先順位は？ 【重要】

- □ **憲法**：国の最高法規。
- □ **法律**：国会の決議を経て制定される法。
- □ **政令**：法律を実施するために、内閣で定めた法的拘束力のある決まり。
- □ **省令**：各省の大臣が担当行政機関に発する命令。
- □ **条例**：地方自治体の議会の議決を経て制定。

優先順位 高←→低

●六法とは？ 【重要】
- □ 憲法 □ 民法 □ 商法 □ 刑法
- □ 民事訴訟法 □ 刑事訴訟法

●裁判の分類
- □ 刑事裁判 □ 民事裁判
- □ 行政裁判

●裁判所の種類は？

□ 最高裁判所		司法権の唯一かつ最高の機関。違憲立法審査権の終審裁判所。裁判官は国民審査を受ける。
下級裁判所	□ 高等裁判所	8カ所（札幌、仙台、東京、名古屋、大阪、広島、高松、福岡）。
	□ 地方裁判所	50カ所（都道府県の県庁所在地に各1カ所、北海道に4カ所）。
	□ 家庭裁判所	所在地、数ともに地方裁判所と同じ。家庭・少年事件を扱う。
	□ 簡易裁判所	438カ所。小額軽微な事件を扱う。

※数は、支所・出張所を除く。

●三審制とは？

	第一審	＜控訴＞	第二審	＜上告＞	第三審
刑事訴訟	簡易裁判所 / 家庭裁判所 / 地方裁判所	→	高等裁判所	→	最高裁判所
民事訴訟	簡易裁判所 / 家庭裁判所 / 地方裁判所	→	地方裁判所 / 高等裁判所	→	高等裁判所 / 最高裁判所

❶ P.10三権分立の図を復習しよう

●違憲立法審査権とは？
□ 法律、命令、規則、処分が憲法違反かどうかを審査する権限。最終的判断は最高裁判所が担う。

●弾劾裁判所とは？
□ 罷免の訴追を受けた裁判官を、辞めさせるか否か判断する裁判所。14名の国会議員で構成。

●労働三法とは？
労働者の基本的権利について規定する法律
- □ 労働基準法 □ 労働組合法 □ 労働関係調整法

❶ ちなみに労働三権は団結権、団体交渉権、争議権（憲法第二八条）

14

月　日

イッキに CHECK!

■【　】にあてはまる言葉を答えよ。

□1 内閣が制定する成文法を【　】と呼ぶ。

□2 頻出　立法など国家機関の行為が憲法に適合するかを審査する、裁判所がもつ権限は【　】。

□3 罷免の訴追をうけた裁判官を裁判する特別な裁判所は【　】裁判所。

□4 裁判において、合計3回までの審理を受けることができる制度を【　】制と呼ぶ。

□5 頻出　三審制において、第一審の判決に不服で第二審の裁判を求めることを【　】と呼ぶ。

□6 頻出　三審制において、第二審の判決に不服で第三審の裁判を求めることを【　】と呼ぶ。

□7 新傾向　日本において2009年に始まった国民が司法に参加する制度を【　】制度と呼ぶ。

□8 高等裁判所は、全国に【　】力所ある。

□9 新傾向　有罪判決を受けた者が裁判のやり直しを求めることを【　】という。

□10 頻出　書籍やCDの再販制度は【　】法の例外規定である。

□11 新傾向　少年法によって、【　】歳未満の少年は刑事処分されない。

□12 最高裁判所の裁判官は【　】年ごとに国民の直接投票による国民審査を受ける。

■解答・解説

政令
閣議決定→主任の国務大臣が署名→内閣総理大臣が連署→天皇が公布。

違憲立法審査権

弾劾
よみ　だんがい。

三審

控訴

上告

裁判員
米国の陪審員だけの陪審員制度とは異なり、3人の裁判官と6人の裁判員が合議する。

8
札幌、仙台、東京、名古屋、大阪、広島、高松、福岡。新潟や熊本にはない。

再審請求
足利事件ではDNAの再鑑定により再審が認められた。

独占禁止
正式名称は、「私的独占の禁止及び公正取引の確保に関する法律」。

14
少年院送致は12歳以上に引き下げられた。

10

---

1 政治・経済

2 国際

3 社会・地理

4 歴史・文化

5 国語・文学・教養

6 英語

7 数学・理科

【第1章】政治・経済

06 戦後日本の政治史

一般企業
マスコミ

ココが
でる！

条約や法律は要チェック！首相と関連付けて覚えましょう。

イッキに POINT!

●外交の主な出来事は？ 重要

出来事	年	当時の首相
□ 日米安全保障条約締結	1951	吉田 茂
□ サンフランシスコ平和条約締結	1951	吉田 茂
□ 日ソ共同宣言に調印	1956	鳩山 一郎
□ 国際連合に加盟	1956	鳩山 一郎
□ 日米新安全保障条約に調印	1960	岸 信介
□ 日韓基本条約に調印	1965	佐藤 栄作
□ 沖縄返還	1972	佐藤 栄作
□ 日中国交正常化	1972	田中 角栄
□ 日中平和友好条約に調印	1978	福田 赳夫
□ 湾岸戦争、多国籍軍に90億ドル支援	1991	海部 俊樹
□ 北朝鮮から拉致被害者が帰国	2002	小泉 純一郎
□ TPPへの加盟	2018	安倍 晋三

●国内の主な出来事は？ 重要

出来事	年	当時の首相
□ 日本国憲法が施行	1947	吉田 茂
□ 社会党が初めて与党に	1947	片山 哲
□ 保守合同で自由民主党が成立	1955	鳩山 一郎
□ 男女雇用機会均等法公布	1985	中曽根康弘
□ 昭和天皇死去、平成へ	1989	竹下 登
□ 消費税(3%)開始	1989	竹下 登
□ 国連平和維持活動(PKO)協力法が成立	1992	宮沢 喜一
□ 非自民連立政権が発足	1993	細川 護熙
□ 社会党を中心とする連立政権発足	1994	村山 富市
□ 阪神・淡路大震災／地下鉄サリン事件	1995	村山 富市
□ 消費税率5%への引き上げ実施	1997	橋本龍太郎
□ 金融再生関連4法が成立	1998	小渕 恵三
□ 中央省庁再編	2001	森 喜朗
□ 郵政民営化関連6法が成立	2005	小泉 純一郎
□ 参議院で与野党逆転	2007	安倍 晋三
□ 民主党を中心とする連立政権発足	2009	鳩山由紀夫
□ 東日本大地震	2011	菅 直人
□ 自民党が再び与党に	2012	安倍 晋三
□ 消費税率8%への引き上げ実施	2014	安倍 晋三
□ 働き方改革の実施	2018	安倍 晋三
□ 消費税率10%への引き上げ実施	2019	安倍 晋三
□ 新型コロナウイルス流行病の発生	2020	安倍 晋三

イッキに CHECK!

☑ 月 日

■【 】にあてはまる言葉を答えよ。

■解答・解説

☑ **1**
戦後、日本において占領政策を実施した「連合国軍最高司令官総司令部」の略称は【 】。

GHQ
英General Headquarters

☑ **2**
サンフランシスコ平和条約を締結したのは【 】年。

1951

☑ **3**
[2]のときの日本の首相は【 】。

吉田茂
入日よみ よしだしげる。1878年生～1967年没。

☑ **4**
新傾向
戦後、社会党で初めて首相となった第46代内閣総理大臣は【 】。

片山哲
入日よみ かたやまてつ。1887年生～1978年没。日本社会党。

☑ **5**
頻出
1994年に社会党委員長である【 】が首相になり、連立政権が発足した。

村山富市
入日よみ むらやまとみいち。1924年生～。日本社会党。

☑ **6**
頻出
1992年の宮沢喜一首相のときに、国連平和維持活動(＝略称【 】)協力法が成立した。

PKO
英Peace Keeping Operation

☑ **7**
頻出
1985年に仕事における男女の不平等を解消するために、(通称)【 】法が施行された。

男女雇用機会均等
[正式名称]雇用の分野における男女の均等な機会及び待遇の確保等に関する法律

☑ **8**
1956年に日ソ共同宣言に調印したときの総理大臣は、【 】である。

鳩山一郎
入日よみ はとやまいちろう。1883年生～1959年没。

☑ **9**
沖縄が日本に返還されたのは【 】年である。

1972

☑ **10**
頻出
日中国交正常化のときの日本の首相は【 】。

田中角栄
入日よみ たなかかくえい。1918年生～93年没。

☑ **11**
新傾向
日中平和友好条約を調印したときの日本の首相は【 】。

福田赳夫
入日よみ ふくだたけお。1905年生～95年没。

☑ **12**
新傾向
日本で初めて親子で総理大臣になったのは、父【 】、子【 】である。

福田赳夫、福田康夫
福田康夫＝入日よみ ふくだやすお。1936年生～。

---

1 政治・経済
2 国際
3 社会・地理
4 歴史・文化
5 国語・文学・教養
6 英語
7 数学・理科

17

07 【第1章】政治・経済
経済用語

[一般企業] [マスコミ]

ココがでる! スタグフレーション時代ととらえる見方も。出題の可能性大!

イッキにPOINT!

●今の日本はインフレ？デフレ？ 【重要】

- 【インフレーション（インフレ）】
  物価が上昇し、貨幣価値が下落すること。
- 【デフレーション（デフレ）】
  総需要と総供給のバランスが崩れ、物価が下落し、貨幣価値が上昇すること。
- 【スタグフレーション】
  インフレ（物価上昇）とデフレ（不況、失業率上昇）が共存した状態。

●デフレスパイラルとは？ 【重要】

- 経済不況下の物価下落が、さらに不況を誘引する悪循環のこと。
- ①→②→③→④→①のように循環する。

①物価低下 ④購買力、需要低下 ②企業利益低下 ③従業員給与低下

●GNP、GDPとは？ 【重要】

- 【GNP（国民総生産）】Gross National Product 国民によって生産された付加価値の合計。国内の外資系企業の付加価値は除外し、海外の日系企業の付加価値は含む。
- 【GNI（国民総所得）】Gross National Income GNPに代わる概念として導入された。
- 【GDP（国内総生産）】Gross Domestic Product 国内で生産された付加価値の合計。国内の外資系企業の付加価値は含み、海外の日系企業の付加価値は除外する。

●必ず覚えておきたい経済用語は？

国民純生産（NNP）	＝GNP－減価償却費（資本減耗引当分）
国民所得（NI）	＝NNP－間接税＋政府補助金
国民総支出（GNE）	＝民間消費支出＋政府消費支出＋国内総資本形成＋経常海外余剰
日銀の三大金融政策	①政策金利操作 ②公開市場操作（オープンマーケットオペレーション） ③支払（預金）準備率操作
組織の結合形態	①カルテル：同業種の企業同士が協定を結ぶこと。 ②コンツェルン：異業種の企業を資本的につなぐこと。戦前の財閥があたる。 ③コングロマリット：関連のない企業を合併・買収し、多角経営を図る巨大企業。

イッキに CHECK!

□ 月 日

■【 】にあてはまる言葉を答えよ。

■解答・解説

□**1** 頻出
物価が上昇し、貨幣価値が下落する経済状態を【 】と呼ぶ。

インフレーション
略 インフレ。

□**2** 頻出
物価が下落し、貨幣価値が上昇する経済状態を【 】と呼ぶ。

デフレーション
略 デフレ。

□**3** 新傾向
経済活動が停滞し、失業率が上昇するとともに、物価も上昇する状態を【 】と呼ぶ。

スタグフレーション
インフレとデフレが同時に起こったような状態。

□**4** 新傾向
経済不況下の物価下落がさらに不況を誘引する悪循環を【 】と呼ぶ。

デフレスパイラル
①物価低下→②企業利益低下→③給与低下→④購買力低下→①のように循環して悪化する。

□**5**
同業種の企業同士が競争回避や利益確保のために、協定や合意を行うことを【 】と呼ぶ。

カルテル
企業連合とも呼ばれる。

□**6**
家計の支出に占める食費の割合を【 】係数と呼ぶ。

エンゲル

□**7**
家計の支出に占める養育費・教育費の割合を【 】係数と呼ぶ。

エンジェル
エンゲル係数をもじった言葉。

□**8** 頻出
国内で生産された付加価値の合計を日本語で【 】と呼び、その英略称を【 】という。

国内総生産、GDP
日本国内の外資系企業の付加価値を含むが、海外の日系企業の付加価値は含まない。

□**9** 頻出
国民総生産（GNP）に代わり使われるようになった国民総所得の英略称を【 】という。

GNI
日本国内の外資系企業の付加価値を含まないが、海外の日系企業の付加価値は含む。

□**10**
1976年にブータン国王の提唱した国民総幸福量の名称は【 】。

GNH
英 Gross National Happiness

□**11**
国際収支＝経常収支＋【 】収支＋資本移転収支

金融

□**12**
経常収支＝第一次所得収支＋第二次所得収支＋【 】収支

貿易・サービス

---

1 政治・経済
2 国際
3 社会・地理
4 歴史・文化
5 国語・文学・教養
6 英語
7 数学・理科

19

08 【第1章】政治・経済
経済論・経済史

一般企業 / マスコミ

ココがでる!

経済学者とその著書は、学派の変遷と合わせて覚えよう!

イッキにPOINT!

●主な経済論や経済学者は?

16世紀	□重商主義	トーマス・マン。植民地獲得、保護貿易による富の蓄積。
	□重農主義	ケネー「経済表」。農業による国家財政の立て直し。
18世紀	□古典学派	アダム・スミス「国富論」。重商主義を批判。「安価な政府」による自由主義経済を提唱。 マルサス「人口論」。人口と食料の関係を説き、成長の限界に言及。
19世紀	□マルクス経済学	マルクス「資本論」。資本主義を批判し、社会主義・共産主義を説いた。
	□ケインズ経済学	ケインズ「雇用・利子および貨幣の一般理論」。世界恐慌下、不況と失業の原因を究明し、政府による積極的な経済介入を主張。近代経済学の理論を構築。
20世紀	□新古典学派	マネタリズム:物価や経済の安定のためには、大きな政府は必要なく、通貨政策が最重要とする考え方。ケインズ学派と反対の立場。ミルトン・フリードマンが提唱。 サプライサイド経済学:従来のマクロ経済学が需要重視であるのに対し、供給を重視する考え方。具体的には企業の減税、規制緩和などで民間の投資を増やし、生産向上を図る。

アダム・スミス

マルクス

●景気変動の波の種類は?

□キチンの波	短期	在庫調整による変動。約40カ月周期。
□ジュグラーの波 クズネッツの波	中期	設備投資の盛衰による変動。約10年周期。 建設投資の盛衰による変動。約20年周期。
□コンドラチェフの波	長期	技術革新による変動。約50年周期。

20

イッキに CHECK!

☑ 月 日

■【 】にあてはまる言葉を答えよ。

☑**1** 【頻出】 【 】は著書「国富論」の中で、個々人の経済活動を「神の見えざる手」と説明した。

☑**2** 【頻出】 【 】は「人口論」を著し、食料と人口の関係について説いた。

☑**3** 【頻出】 【 】は「雇用・利子および貨幣の一般理論」を著し、近代経済学の理論体系を確立した。

☑**4** 1929年の大恐慌後、F・D・ルーズベルト大統領は【 】政策で大規模な公共事業を実施した。

☑**5** 第二次世界大戦後の欧州復興計画を【 】プランと呼ぶ。

☑**6** 1944年に連合国44カ国が調印した国際通貨・金融に関する協定によって【 】体制ができた。

☑**7** 1971年の金とドルの交換停止を【 】ショックと呼び、一時的に変動相場制になった。

☑**8** 1971年12月に結ばれた固定相場制に戻す取り決めを【 】協定と呼ぶ。

☑**9** 米国のレーガン政権が1981年から掲げた自由主義経済政策を【 】と呼ぶ。

☑**10** 1985年9月に開かれたG5において、ドル高是正の【 】合意がなされた後、急激な円高が進行した。

☑**11** 1987年10月にニューヨーク株式市場で起こった株価大暴落を、【 】マンデーと呼ぶ。

☑**12** 【頻出】 1980年代に英国で起こった金融市場や証券市場をめぐる大改革を【 】と呼ぶ。

■解答・解説

アダム・スミス
人英1723年生〜90年没。

マルサス
人英1766年生〜1834年没。

ケインズ
人英1883年生〜1946年没。

ニューディール
テネシー川流域開発公社でのダム建設など。F・D・ルーズベルト＝人米1882年生〜1945年没。

マーシャル
人米1880年生〜1959年没。1947年に国務長官就任。

ブレトン・ウッズ
米の行楽地ブレトン・ウッズで調印された。

ニクソン
人米1913年生〜94年没。1969－74年に大統領。ウォーターゲート事件で失脚。

スミソニアン
ワシントンにあるスミソニアン博物館で締結。

レーガノミクス
ロナルド・レーガン＝人米1911年生〜2004年没。米国大統領(共和党)。元映画俳優。

プラザ
ニューヨークのプラザホテルで開催された。

ブラック
月曜日に起きたことから。

ビッグバン
英big bang 宇宙創生期の大爆発が語源。

1 政治・経済

2 国際

3 社会・地理

4 歴史・文化

5 国語・文学・教養

6 英語

7 数学・理科

21

09 経営

【第1章】政治・経済

一般企業
マスコミ

ココがでる！

企業の相次ぐ不正で、企業責任に関する出題が増えています。

イッキにPOINT!

●CEO/COOとは？ 重要

- □【CEO】英Chief Executive Officer　最高経営責任者。
- □【COO】英Chief Operating Officer　最高執行責任者。
- □【CFO】英Chief Financial Officer　最高財務責任者。
- □【CIO】英Chief Information Officer　最高情報責任者。

●必ず覚えておきたい経営用語は？ 重要

□コーポレート・ガバナンス 英corporate governance	訳企業統治。経営者を監視するために、株主の権利が十分に機能しなければならないという考え方。
□ディスクロージャー 英disclosure	企業がステイクホルダーに、経営方針や財務実態などの内容を公開すること。
□ステイクホルダー 英stakeholder	顧客、取引先、投資家、従業員など、企業の利害関係者。
□フィランソロピー 英philanthropy	訳博愛、慈善。企業による社会貢献や慈善事業などの活動をいう。
□メセナ 仏mécénat	フィランソロピーの中で特に文化支援活動のことを指す。
□アウトソーシング 英outsourcing	企業経営において、業務を外部委託すること。
□P/L 英Profit and Loss statement	損益計算書。企業の一定期間の収益と費用の状態を表す。
□B/S 英Balance Sheet	貸借対照表。企業のある一定時点における資産、負債、資本の状態を表す。
□4P	①プロダクト（Product:製品）②プライス（Price:価格）③プロモーション（Promotion:広告宣伝）④プレイス（Place:流通）のこと。
□ワンツーワンマーケティング 英one to one marketing	一人ひとりの顧客の特性や過去の行動に対応して、企業の活動を変化させるマーケティングのあり方。
□BtoB 英Business to Business	電子商取引での、生産財など企業対企業の取引形態。
□BtoC 英Business to Consumer	電子商取引での、一般消費財など企業対顧客の取引形態。
□SOHO 英Small Office Home Office	ブロードバンドなどITの普及によって可能になった在宅型業務形態。
□独占禁止法	正式名称は「私的独占の禁止及び公正取引の確保に関する法律」。自由公正な競争を促進する。公正取引委員会が担当。

		月 日

イッキに CHECK!

■【　】にあてはまる言葉を答えよ。

■解答・解説

□ **1** 新傾向
企業経営において、業務を外部委託することを【　】と呼ぶ。

アウトソーシング
英outsourcing

□ **2** 頻出
企業を取り巻く、顧客、取引先、投資家などの利害関係者を総称して【　】と呼ぶ。

ステイクホルダー
英stakeholder

□ **3** 頻出
企業経営を監視・規律すること、またはその仕組みのことをコーポレート・【　】という。

ガバナンス
英corporate governance 企業統治とも呼ぶ。

□ **4**
一人ひとりの顧客の特性や行動に対応した営業施策を【　】・マーケティングという。

ワンツーワン
英one to one

□ **5** 頻出
企業による社会貢献や慈善事業のことを【　】と呼ぶ。

フィランソロピー
英philanthropy

□ **6**
企業による文化支援活動のことを【　】と呼ぶ。

メセナ
仏mécénat

□ **7**
GAPやユニクロのように製造から流通まで一貫して行う製造型小売業を【　】と呼ぶ。

SPA
英Speciality store retailer of Private label Apparel

□ **8** 新傾向
障害の有無、年齢、性別にかかわらずすべての人が使いやすいデザインを【　】・デザインという。

ユニバーサル
英universal design

□ **9**
主に在宅で行う、小規模の企業形態のことを【　】と呼ぶ。

SOHO
英Small Office Home Office

□ **10** 頻出
最高経営責任者を【　】、最高執行責任者を【　】、最高財務責任者を【　】と呼ぶ。

CEO、COO、CFO
英Chief Executive Officer、Chief Operating Officer、Chief Financial Officer

□ **11** 頻出
企業対企業取引のことを【　】、企業対顧客取引のことを【　】と呼ぶ。

BtoB、BtoC
英Business to Business、Business to Consumer

□ **12** 新傾向
国際標準化機構が定めた企業の工場や事業所の品質管理認定システムは【　】シリーズ。

ISO9000
環境マネジメントはISO14000シリーズ。

1 政治・経済

2 国際

3 社会・地理

4 歴史・文化

5 国語・文学・教養

6 英語

7 数学・理科

23

【第1章】政治・経済
10 金融・株式

一般企業 / マスコミ

ココがでる！

株式、社債、転換社債などの違いを理解しよう！

イッキに POINT!

●通貨制度とは？

- 【固定相場制】為替レートを固定。
  - 【バスケット制】複数通貨の平均値と連動させる固定相場制。
- 【変動相場制】為替レートが外貨の需要と供給によって自由に変動。
  - 【管理フロート制】通貨当局が為替レートの変動幅を制限。

※中国は一時期バスケット制だったが、2010年から管理フロート制に。

●外国為替相場とは？

1ドル=90円	1ドル=100円	1ドル=110円
円高		円安
輸入に有利		輸出に有利
(1ドルの商品が90円で買える)		(商品を1ドルで売ると110円になる)

●金融商品の種類は？ 【重要】

- 【優先株式】普通株式に比べ、優先的な取り扱いを受ける株式。
- 【社債】企業が資金調達のために発行する債券。
- 【転換社債】株式に転換できる社債のこと。
- 【デリバティブ】先物取引やオプションなどの金融派生商品。
- 【先物取引】将来の決済期日と取引価格を約束した取引。
- 【オプション取引】金融商品に付属する権利を売買すること。
- 【スワップ取引】金利や為替のオプションを交換すること。

●証券取引所の統廃合 【重要】

- 2013年以前：3大証券取引所と2地方証券取引所が存在
  - 東京(東証)、大阪(大証)、名古屋(名証) + 札幌、福岡
- 2013年：東京証券取引所と大阪証券取引所が経営統合
  - 日本取引所グループの誕生。
    - 東京証券取引所：現物株式を扱う。 大阪取引所：先物やオプションを扱う。
- 2022年：東京証券取引所の再編(3市場へ統合)
  - 市場第一部 → プライム市場(グローバル投資家に対応できる企業)
  - 市場第二部 ┐
  - JASDAQ   ┘→ スタンダード市場(十分な流動性とガバナンスを備えた企業)
  - マザーズ → グロース市場(高い成長性を有する企業)

●日経平均株価、TOPIXとは？ 【重要】

- 【日経平均株価】東京証券取引所第一部の上場銘柄のうち、日本経済新聞社が指定する225銘柄の平均株価。
- 【TOPIX(東証株価指数)】1968年を基準にした東京証券取引所第一部の全銘柄の株価指数。

月　日

イッキに CHECK!

1 政治・経済

■【　】にあてはまる言葉を答えよ。

■解答・解説

□ **1** 為替相場において、1ドル110円から1ドル100円になることを円【　】ドル【　】という。

高、安
ドル建ての物を安く買えるので輸入に有利。逆は円安ドル高で、輸出が有利になる。

□ **2** イギリスの個人貯蓄口座を参考に、2014年に開始された少額投資非課税制度を【　】と呼ぶ。

NISA
圏 Nippon Individual Savings Account 年120万円までの株や投資信託の運用益や配当金が非課税になる。

□ **3** 頻出 銀行が最優良企業に対して貸し出すときの最優遇貸出金利のことを【　】という。

プライムレート
圏 prime rate 優良顧客(prime)への金利(rate)。

□ **4** 新傾向 米国で信用力の低い人が対象の高金利型住宅ローンのことを【　】ローンと呼ぶ。

サブプライム
圏 sub-prime 優良顧客(prime)に劣るという意味。

□ **5** 日本橋兜町にある日本最大の株式取引所は【　】。

東京証券取引所
略して東証。

□ **6** 頻出 日経平均株価は東京証券取引所第一部に上場している企業のうち【　】社の平均株価。

225
日本経済新聞社が指定する。

□ **7** 新傾向 金融機関の破綻において、預金者への払戻金額を一定限度内に制限することを【　】と呼ぶ。

ペイオフ
圏 pay-off 普通預金のペイオフは預金者1人当たり元本1000万円まで。

□ **8** 企業の未公開情報を知り、不正にその企業の株式を売買することを【　】取引という。

インサイダー
圏 insider

□ **9** 新傾向 米国の中央銀行である「連邦準備制度理事会」の英語略称は【　】。

FRB
圏 Federal Reserve Board 2018年に議長がイエレンからパウエルに交代した。

□ **10** 国際決済銀行は国際業務を営む民間銀行に対して、【　】の下限を定めている。

自己資本比率
国際決済銀行(BIS)はスイスのバーゼルにある。

□ **11** 財務諸表には、【　】(B/S)、損益計算書(P/L)などがある。

貸借対照表
圏 Balance Sheet,Profit and Loss statement ほかにキャッシュフロー計算書、株主資本等変動計算書。

□ **12** 新傾向 オプション取引、スワップ取引などの金融派生商品の総称を【　】と呼ぶ。

デリバティブ
圏 derivatives

---

2 国際

3 社会・地理

4 歴史・文化

5 国語・文学・教養

6 英語

7 数学・理科

25

【第1章】政治・経済
11 戦後日本の経済史

一般企業 / マスコミ

イッキに POINT!

●経済の主な出来事は？ 【重要】

年号	出来事	当時の景気
1945	□敗戦 □三大改革(財閥解体、農地改革、労働組合の育成)の実施	
1949	□ドッジ・ライン (1$=360円)	
1950	□朝鮮戦争	↕□朝鮮戦争特需
1955	□GATTに加盟	↕□神武景気(31カ月)
1956	□水俣病が問題化	↕□岩戸景気(42カ月)
1960	□所得倍増計画(池田勇人首相)	↕□オリンピック景気(24カ月)
1964	□東京オリンピック □東海道新幹線・名神高速道路の開通	
1968	□GNPが資本主義国で世界2位に	↕□いざなぎ景気(57カ月)
1972	□日本列島改造論(田中角栄首相)	
1973	□変動為替制に移行	第一次オイルショック 第二次オイルショック
1985	□男女雇用機会均等法成立 □G5プラザ合意(ドル安円高の容認)	↕□平成景気(バブル経済)51カ月
1987	□ブラックマンデー(10/19ニューヨーク証券取引所で株価暴落)	
1989	□消費税(3%)導入 □株価最高値 日経平均=3万8915円	
1997	□消費税を5%に引き上げ	↕□平成不況(失われた10年)
2007	□サブプライム問題	↕□いざなぎ超え(69カ月)(実感なき景気回復)
2008	□リーマン・ショック	
2009	□欧州金融危機	
2011	□円高最高値 1$=75円32銭	
2013	□安倍内閣によるアベノミクス政策	□アベノミクス政策
2014	□消費税を8%に引き上げ □日本国債の格付けがA1に一段格下げ	
2016	□日銀がマイナス金利を導入	
2019	□消費税を10%に引き上げ	
2020	□新型コロナウイルス感染症流行による不況	

□【流行の家電】 【重要】

神武景気	三種の神器	白黒テレビ、洗濯機、冷蔵庫
いざなぎ景気	3C	カラーテレビ、クーラー、カー
いざなぎ超え	デジタル三種の神器	デジタルカメラ、DVDレコーダー、薄型テレビ

ココがでる！

神武、岩戸…。景気や不況の呼び方とその背景、時代順がよく出ます！

イッキに CHECK!

☑ 月 日

■【 】にあてはまる言葉を答えよ。

■解答・解説

☑1 日本がポツダム宣言を受け入れたのは西暦【 】年。

1945
昭和20年。

☑2 **頻出** 戦後日本の三大改革は、【 】、農地改革、労働改革。

財閥解体

☑3 ブレトンウッズ体制においては、1ドル＝【 】円の固定相場制が採用された。

360

☑4 **頻出** 1960年に10年間で国民所得を倍増させる所得倍増計画を唱えたのは【 】首相。

池田勇人
人日よみ いけだはやと。1899生～1965年没。

☑5 **頻出** オリンピック景気後、1965年11月から57カ月続いた昭和最長の好景気を【 】と呼ぶ。

いざなぎ
1954年～神武景気、1958年～岩戸景気。いずれも日本神話にちなんでいる。

☑6 1970年代に「日本列島改造論」を唱えたのは【 】首相。

田中角栄
人日よみ たなかかくえい。1918年生～93年没。娘は田中真紀子。

☑7 1950年代後半、家電の三種の神器と呼ばれたのは、白黒テレビ、洗濯機、【 】。

冷蔵庫

☑8 高度経済成長期、家電の3Cと呼ばれたのは、カラーテレビ、クーラー、【 】。

自動車（カー）
1964年の東京オリンピックによってカラーテレビが普及した。

☑9 **新傾向** 平成のデジタル家電の新三種の神器は、【 】、DVDレコーダー、薄型テレビ。

デジタルカメラ

☑10 1978年のイラン革命によって【 】が起き、世界的な不況になった。

第二次オイルショック（石油危機）
第一次オイルショックは、1973年の第四次中東戦争が原因。

☑11 金融機関などが経営破綻しないように政府の監督下で行う横並びの経営を【 】方式という。

護送船団
護衛艦に守られている船団のイメージから。

☑12 **頻出** 最も円高ドル安になったのは、2011年10月31日の1ドル＝【 】円32銭。

75
オセアニア外国為替市場にて。

1 政治・経済
2 国際
3 社会・地理
4 歴史・文化
5 国語・文学・教養
6 英語
7 数学・理科

COLUMN 1 数字で見る経済

日本のGDPの推移

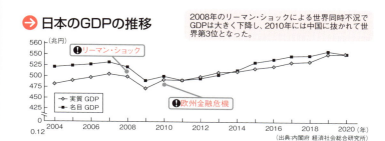

日本の人口の推移

日経平均株価の推移(年終値)

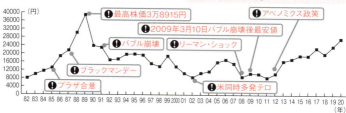

ドル円相場の推移(年平均)

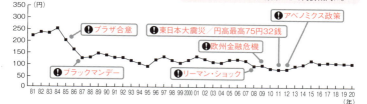

第2章

国際

【第2章】国際

12 国連のしくみ

一般企業
マスコミ

ココが
でる!

国連の5常任理事国と安全保障理事会の構成がよく出題されます。

イッキに POINT!

●国際連合の設立はいつ？
□ 1945年 ❶第二次世界大戦
（昭和20年） 終結の年だよ！

●日本の加盟はいつ？
□ 1956年 ❶日ソ国交回復に
（昭和31年） よって加盟できた

●国連のしくみとは？ 重要

□ [国連本部] ニューヨーク。

□ [常任理事国] 拒否権をもつ主要5カ国。
米国、英国、フランス、ロシア、中国。

□ [安全保障理事会] 常任理事国5カ国＋非常任理事国10カ国
（任期2年）で構成（重要な事項は常任理事国5カ国＋非常任理事国4カ国の賛成が必要）。

□ [主要機関]

事務局
国連の行政機関。本部はニューヨーク。

国際原子力機関（IAEA）

信託統治理事会
信託統治下にある地域を監督する機関。必要時のみ活動。

国際司法裁判所
国連の司法機関。15人の裁判官で構成（オランダ・ハーグ）。

総会（UNGA）
国連の最高機関。全加盟国(193カ国)で構成。年1回開催。各国が1票をもつ。

安全保障理事会
世界平和を守るために設置。総会に優先する主要な責任を負う。

常任理事国

経済社会理事会
経済・社会・文化・教育・保健・人権などの問題を扱う。下部組織にWHO、UNESCOなど。

主な計画と基金
国連児童基金（UNICEF）
国連難民高等弁務官事務所（UNHCR）
国連貿易開発会議（UNCTAD）
国連環境計画（UNEP）
国連大学（UNU）

地域経済委員会
アジア太平洋経済社会委員会（ESCAP）
欧州経済委員会（ECE）
ラテンアメリカ・カリブ経済委員会（ECLAC）
アフリカ経済委員会（ECA）
西アジア経済社会委員会（ESCWA）

30

イッキに CHECK!

☐ 月 日

■【 】にあてはまる言葉を答えよ。

■解答・解説

☐ **1** 現在の国連とは【 】の略である。

国際連合
國 United Nations 前身は国際連盟。

☐ **2** 1945年6月26日に国連憲章が調印された都市は【 】。

サンフランシスコ
米国。昭和20年。

☐ **3** 頻出 国連の本部が置かれている都市は【 】。

ニューヨーク
米国。

☐ **4** 日本が国連に加盟したのは【 】年。

1956
昭和31年。

☐ **5** 国連の主要機関の一つで、総会と並ぶ最高機関は【 】である。

安全保障理事会
通称、安保理。國 Security Council

☐ **6** 安全保障理事会は【 】カ国の常任理事国と【 】カ国の非常任理事国から構成される。

5、10

☐ **7** 頻出 国連の常任理事国は、米国、英国、フランス、ロシア、【 】である。

中国

☐ **8** 安全保障理事会の評決において、常任理事国は【 】権をもつ。

拒否
5カ国のうち、1カ国でも拒否すると否決される。

☐ **9** 新傾向 元ポルトガル首相で、第9代国連事務総長になった人物は【 】。

アントニオ・グテーレス
人 ポルトガル 1949年生〜。

☐ **10** 頻出 国際的な紛争の平和的解決に寄与することを目的とした国連の活動を、国連【 】と呼ぶ。

平和維持活動（PKO）
國 Peace Keeping Operations

☐ **11** 頻出 停戦や撤兵の実施や治安維持など戦闘以外の活動を行う国連の部隊を国連【 】と呼ぶ。

平和維持軍（PKF）
國 Peace Keeping Force 注 国連平和維持活動と混同しないこと

☐ **12** 国際連合の前身となった国際連盟は米国の【 】大統領が提唱した。

ウィルソン
人 米 1856年生〜 1924年没。

---

1 政治・経済

2 国際

3 社会・地理

4 歴史・文化

5 国語・文学・教養

6 英語

7 数学・理科

31

13 【第2章】国際
国際機関

一般企業 / マスコミ

ココがでる！
UNESCO、WHO、IAEA、UNHCRは定番。他にPKO、PKFも要チェック！

イッキに POINT!

●国連に関連した主な機関は？

□国際労働機関	ILO	国際労働基準の制定、児童労働の撲滅など。(International Labour Organization)
□国際通貨基金	IMF	国際通貨システムの安定を維持。(International Monetary Fund)
□国際電気通信連合	ITU	通信の標準化、国際電話の接続の調整など。(International Telecommunication Union)
□国連貿易開発会議	UNCTAD	先進国と発展途上国の経済格差是正など。(United Nations Conference on Trade and Development)
□国連教育科学文化機関	UNESCO	教育と文化の普及、世界遺産の保護など。(United Nations Educational, Scientific and Cultural Organization)
□国連難民高等弁務官事務所	UNHCR	難民保護など、難民の諸問題の解決。(Office of the United Nations High Commissioner for Refugees)
□国連児童基金	UNICEF	子どもへの支援、子どもの権利条約の普及など。(United Nations Children's Fund)
□万国郵便連合	UPU	各国の郵便業務の調整、国際郵便の維持など。(Universal Postal Union)
□世界銀行	WB	世界各国の経済の復興を援助。(The World Bank)
□世界食糧計画	WFP	災害被災地域や食糧欠乏国への食糧援助など。(World Food Programme)
□世界保健機関	WHO	伝染病の撲滅・研究、衛生状態の改善指導など。(World Health Organization)
□世界知的所有権機関	WIPO	知的財産権保護の推進、国際登録業務の管理など。(World Intellectual Property Organization)
□国際原子力機関	IAEA	原子力の平和利用の促進。(International Atomic Energy Agency)
□国連平和維持活動	PKO	紛争地域の平和の維持または回復を促す。(United Nations Peace Keeping Operations)
□国連平和維持軍	PKF	PKOにおいて派遣される加盟国軍部隊。(Peace Keeping Forces)

32

イッキに CHECK!

□ 月 日

■【　】にあてはまる言葉を答えよ。

■解答・解説

□ **1**
頻出
国際紛争を平和的に解決するために設置している国連の司法機関は【　】裁判所。

国際司法
略ICJ=英International Court of Justice

□ **2**
[1]裁判所が置かれているのは、【　】国・【　】市。

オランダ、ハーグ

□ **3**
頻出
核分裂物質の監視と原子力の平和利用の促進を図る機関は【　】機関(=IAEA)。

国際原子力
英International Atomic Energy Agency

□ **4**
新傾向
日本人で初めて、2009年に[3]の事務局長に就任したのは【　】。

天野之弥
人日よみ あまのゆきや。1947年生～2019年没。

□ **5**
戦争などによって難民となった人々に国際的な保護を与える国連機関は、国連【　】事務所。

難民高等弁務官
略UNHCR=英Office of the United Nations High Commissoner for Refugees

□ **6**
2000年まで[5]のトップに在籍していた日本人は【　】。

緒方貞子
人日よみ おがたさだこ。1927年生～2019年没。国連難民高等弁務官を務めた。

□ **7**
新傾向
人の健康を基本的人権と捉えて、その向上を目的としている国連機関は【　】機関(=WHO)。

世界保健
英World Health Organization

□ **8**
世界の労働者の労働条件と生活水準の改善を目的とする国連機関は【　】機関(=ILO)。

国際労働
英International Labour Organization

□ **9**
新傾向
電気分野を除く工業分野の国際規格を策定するための民間の非政府組織は【　】(=ISO)。

国際標準化機構
英International Organization for Standardization

□ **10**
新傾向
自由貿易促進を目的として、GATTを発展解消して創設された国際機関は【　】機関(=WTO)。

世界貿易
英World Trade Organization

□ **11**
第二次世界大戦に、各国の復興のために設立された国連の金融専門機関は【　】銀行(=IBRD)。

国際復興開発
略IBRD=英the International Bank for Reconstruction and Development

□ **12**
各国の中央政府などに対し融資を行う、国連の金融専門機関を【　】と呼ぶ。

世界銀行
略WB=英The World Bank 国際復興開発銀行と国際開発協会を合わせて、世界銀行と呼ぶ。

---

1 政治・経済

2 国際

3 社会・地理

4 歴史・文化

5 国語・文学・教養

6 英語

7 数学・理科

14 【第2章】国際
国際略語

一般企業 / マスコミ

イッキに POINT!

ココがでる！

時事を毎日チェックして、国際略語に慣れよう！核軍縮の用語は要注意。

●政治・外交・経済の主な略語は？ 重要

□世界貿易機関	WTO	World Trade Organization
□国際刑事警察機構	ICPO	International Criminal Police Organization
□国際捕鯨委員会	IWC	International Whaling Commission
□東南アジア諸国連合	ASEAN	Association of South-East Asian Nations
□独立国家共同体	CIS	Commonwealth of Independent States
□自由貿易協定	FTA	Free Trade Agreement
□経済連携協定	EPA	Economic Partnership Agreement
□北米自由貿易協定	NAFTA	North American Free Trade Agreement
□米国・メキシコ・カナダ協定	USMCA	United States Mexico Canada Agreement
□経済協力開発機構	OECD	Organization for Economic Co-operation and Development
□国際エネルギー機関	IEA	International Energy Agency
□米州機構	OAS	Organization of American States
□パレスチナ解放機構	PLO	Palestine Liberation Organization
□包括的核実験禁止条約	CTBT	Comprehensive Nuclear-Test-Ban Treaty
□大陸間弾道ミサイル	ICBM	intercontinental ballistic missile
□非政府組織	NGO	non-governmental organization
□民間非営利団体	NPO	non-profit organization
□核・生物・化学(兵器)	NBC	nuclear, biological and chemical
□核拡散防止条約	NPT	Treaty on the Non-Proliferation of Nuclear Weapons
□政府開発援助	ODA	Official Development Assistance

●経済の主な略語は？

□連邦準備制度理事会	FRB	Federal Reserve Board
□相手先商標製造	OEM	original equipment manufacturing
□米国証券取引委員会	SEC	Securities and Exchange Commission
□アメリカ店頭株式市場	NASDAQ	National Association of Securities Dealers Automated Quotations
□国際決済銀行	BIS	Bank for International Settlements

34

イッキに CHECK!

☑ 月 日

■次の国際機関のアルファベット略語を答えなさい。

☑ **1** 新傾向	アジア太平洋経済協力会議
☑ **2**	東南アジア諸国連合
☑ **3**	国際労働機関
☑ **4**	国際通貨基金
☑ **5**	北大西洋条約機構
☑ **6**	パレスチナ解放機構
☑ **7**	国連貿易開発会議
☑ **8** 頻出	国連教育科学文化機関
☑ **9** 新傾向	国連難民高等弁務官事務所
☑ **10** 頻出	国連児童基金
☑ **11** 新傾向	世界保健機関
☑ **12** 頻出	世界貿易機関
☑ **13** 新傾向	国際原子力機関
☑ **14**	国際決済銀行
☑ **15** 新傾向	世界食糧計画
☑ **16**	石油輸出国機構
☑ **17** 頻出	国際オリンピック委員会
☑ **18** 新傾向	核拡散防止条約
☑ **19**	連邦準備制度理事会
☑ **20**	国際捕鯨委員会

■解答・解説

APEC 英 Asia-Pacific Economic Cooperation Conference

ASEAN 英 Association of South-east Asian Nations

ILO 英 International Labour Organization

IMF 英 International Monetary Fund

NATO 英 North Atlantic Treaty Organization

PLO 英 Palestine Liberation Organization

UNCTAD 英 United Nations Conference on Trade and Development

UNESCO 英 United Nations Educational, Scientific and Cultural Organization

UNHCR 英 Office of the United Nations High Commissioner for Refugees

UNICEF 英 United Nations Children's Fund

WHO 英 World Health Organization

WTO 英 World Trade Organization

IAEA 英 International Atomic Energy Agency

BIS 英 Bank for International Settlements

WFP 英 World Food Programme

OPEC 英 Organization of the Petroleum Exporting Countries

IOC 英 International Olympic Committee

NPT 英 Treaty on the Non-Proliferation of Nuclear Weapons

FRB 英 Federal Reserve Board

IWC 英 International Whaling Commission

1 政治・経済

2 国際

3 社会・地理

4 歴史・文化

5 国語・文学・教養

6 英語

7 数学・理科

35

15 【第2章】国際
条約・協定・宣言

一般企業／マスコミ

イッキに POINT!

ココがでる！ 第一次世界大戦とヴェルサイユ条約など、戦争と条約の組み合わせが頻出！

●日本に関わる条約・協定・宣言は？ 重要

年	名称	参加国	主な内容
1854	□日米和親条約	日・米	神奈川条約ともいう。ペリーと老中阿部正弘が調印。下田・箱館を開港し、鎖国体制崩壊。
1858	□日米修好通商条約	日・米	ハリスと大老井伊直弼が調印。横浜・長崎・新潟・神戸を開港。
1875	□樺太・千島交換条約	日・露	樺太はロシア領に、千島列島は日本領になった。
1895	□下関条約	日・清	日清戦争の講和条約。日本全権は伊藤博文・陸奥宗光。台湾などが日本領に。
1905	□ポーツマス条約	日・露	日露戦争の講和条約。日本全権は小村寿太郎。日本は南樺太や南満州鉄道を獲得。
1919	□ヴェルサイユ条約	独・連合国27カ国	第一次世界大戦の処理。国際連盟の設立。敗戦国ドイツに多額の賠償金。
1945	□ポツダム宣言	日・米・英・中	第二次世界大戦における日本の無条件降伏を要求。日本はこれを受諾し敗戦した。
1951	□サンフランシスコ平和条約	日・連合国48カ国	第二次世界大戦後の対日講和条約。日本は連合国軍の占領下から独立。
1951	□日米安全保障条約	日・米	サンフランシスコ平和条約と同時に調印。在日米軍の駐留を認める。
2002	□日朝平壌宣言	日・北朝鮮	小泉純一郎首相と金正日総書記との首脳会談で調印。拉致被害者5人が帰国。
2014	□ハーグ条約	世界97カ国	国際的な子の奪取の民事上の側面に関する条約。

●EUに関する条約は？

年	名称	参加国	主な内容
1992	□マーストリヒト条約	EU加盟12カ国	EUの創設、共通通貨ユーロの導入などを定めた。
1997	□アムステルダム条約	EU加盟15カ国	EUの新憲法。マーストリヒト条約を大幅に改定。
2000	□ニース条約	EU加盟15カ国	アムステルダム条約をさらに改定。
2009	□リスボン条約	EU加盟27カ国	EUの初代「欧州理事会議長」にヘルマン・ヴァン・ロンプイ就任。

イッキに CHECK!

☐ 月 日

■【 】にあてはまる言葉を答えよ。

■解答・解説

☐ **1** 1875年に日本とロシア間の国境について調印・批准されたのは【 】条約。

樺太・千島交換

☐ **2** 頻出
日清戦争後の1895年に締結した講和条約は【 】条約。

下関
日本代表は伊藤博文・陸奥宗光。

☐ **3** 頻出
日露戦争後の1905年に締結した講和条約は、【 】条約。

ポーツマス
日本代表は小村寿太郎。

☐ **4** 1945年8月に日本が受諾した、第二次世界大戦に関する米・英・中の共同宣言は【 】宣言。

ポツダム

☐ **5** 1955年に当時のソ連と東ヨーロッパ社会主義国によって設立された安全保障機構は【 】。

ワルシャワ条約機構

☐ **6** 1993年11月のEU（ヨーロッパ連合）発足のもとになったのは【 】条約。

マーストリヒト
マーストリヒトはオランダの都市。

☐ **7** 1997年6月に開かれたEU首脳会議で採択されたEUの全会一致の原則を変更した条約は【 】条約。

アムステルダム
全会一致の原則を変更し、棄権国は義務を免除される建設的棄権制を導入した。

☐ **8** 2014年に日本でも発効した「国際的な子の奪取の民事上の側面に関する条約」を【 】条約とも呼ぶ。

ハーグ
国際結婚・離婚による「子の連れ去り」に関する条約。

☐ **9** 2002年に小泉純一郎首相と北朝鮮の金正日総書記との首脳会談によって署名されたのは【 】宣言。

日朝平壌
2002年9月17日。

☐ **10** 新傾向
2003年1月に北朝鮮が脱退を宣言した原子力の平和利用に関する条約は【 】。

核不拡散条約（NPT）
または核拡散防止条約奥Treaty on the Non-proliferation of Nuclear Weapons

☐ **11** 新傾向
原子力の平和利用促進と軍事利用縮小を目的とし、加盟国を監視するために核査察を行う機関は【 】。

国際原子力機関（IAEA）
奥International Atomic Energy Agency

☐ **12** 新傾向
NPTにおいて、核兵器保有国として規定されている5カ国は、米国、ロシア、英国、中国、【 】。

フランス
安全保障理事会の常任理事国と同じ。

---

1 政治・経済

2 国際

3 社会・地理

4 歴史・文化

5 国語・文学教養

6 英語

7 数学・理科

16 【第2章】国際 アメリカ・ヨーロッパ

一般企業 / マスコミ

イッキに POINT!

ココがでる！ ロシア以外のワルシャワ条約機構旧加盟国はNATOに加盟。

● NATO、CISとは？ 　重要

【北大西洋条約機構（NATO）】
米国を中心とした北アメリカ・ヨーロッパ諸国によって結成された軍事同盟。30カ国が加盟（2021年10月時点）。

- ▶ □ **原加盟国（1949年）：12カ国**
  米国、カナダ、英国、フランス、オランダ、ベルギー、ルクセンブルク、アイスランド、ノルウェー、デンマーク、イタリア、ポルトガル
- ▶ □ **その後の加盟：18カ国**
  ギリシャ、トルコ、ドイツ、スペイン、チェコ、ハンガリー、ポーランド、ブルガリア、エストニア、ラトビア、リトアニア、ルーマニア、スロバキア、スロベニア、アルバニア、クロアチア、モンテネグロ、北マケドニア

【ワルシャワ条約機構】
1955年、ワルシャワ条約に基づいて、旧ソビエト社会主義共和国連邦を中心とした東ヨーロッパ諸国が結成した軍事同盟。

- ▶ □ 冷戦終結後、旧ソ連崩壊直前（1991年）に解散した。
- ▶ □ **原加盟国：8カ国（当時）**
  ソビエト連邦、アルバニア（1968年脱退）、ブルガリア、ルーマニア、東ドイツ（ドイツ民主共和国）、ハンガリー、ポーランド、チェコスロバキア
- ▶ □ 旧ソ連（ロシア）以外のすべての国が、現在NATOに加盟。

【独立国家共同体（CIS）】
旧ソビエト連邦12カ国で設立された国家連合体（コモンウェルス）。本部はベラルーシの首都ミンスク。

- ▶ □ **正式加盟国：9カ国（2021年10月時点）**
  ロシア、カザフスタン、タジキスタン、ウズベキスタン、キルギス、ベラルーシ、アルメニア、アゼルバイジャン、モルドバ
- ▶ □ **準加盟国：**
  トルクメニスタン
- ▶ □ **脱退**：ジョージア（南オセチア問題による）、ウクライナ（2018年脱退）

イッキに CHECK!

■【　】にあてはまる言葉を答えよ。

■解答・解説

□1 米国を中心とした北アメリカ・ヨーロッパ諸国の軍事同盟は【　】。

北大西洋条約機構（NATO）
英North Atlantic Treaty Organization

□2 米国、カナダ、メキシコによる北米自由貿易協定の略称は【　】。

NAFTA
英North American Free Trade Agreement
FTA＝自由貿易協定。

□3 新傾向 【2】にかわり、2020年に新たに発効した米国・メキシコ・カナダ協定の略称は【　】。

USMCA
英United States Mexico Canada Agreement

□4 新傾向 南米の関税協定である南米南部共同市場を【　】と呼ぶ。

メルコスール
スペインMercosur

□5 米国で同時多発テロが起きたのは、【　】年【　】月【　】日。

2001、9、11

□6 同時多発テロの標的となり崩壊したワールドトレードセンターは事件後【　】と呼ばれた。

グラウンド・ゼロ
英Ground Zero

□7 頻出 2013年にアメリカの駐日大使になったのは、第35代大統領ジョン・F・ケネディの長女である【　】・ケネディ。

キャロライン
人米1957年生～。

□8 キューバで1959年の革命以来長年国家元首を務めた人物は、【　】。

フィデル・カストロ
人キューバ1926年生～2016年没。

□9 1992年にマーストリヒト条約によって創設されたヨーロッパを中心とする政治経済同盟は【　】。

欧州連合（EU）
英European Union

□10 頻出 人種や国家間の紛争が絶えず、「ヨーロッパの火薬庫」と呼ばれたのは【　】半島。

バルカン

□11 オランダ、ベルギー、ルクセンブルクの三国を【　】三国と呼ぶ。

ベネルクス

□12 新傾向 スイスやノルウェーなどが加盟している欧州自由貿易連合の略称は【　】。

EFTA
英European Free Trade Association リヒテンシュタイン、アイスランドも加盟。

【第2章】国際
17 アジア・アフリカ

一般企業 / マスコミ

ココがでる！

西欧以外の共同体・地域連合の名称や違いを確認しよう！

イッキに POINT!

●ASEAN、TPPとは？ 【重要】

□【ASEAN:東南アジア諸国連合】
Association of South-East Asian Nations
東南アジア10カ国の経済・社会・政治・安全保障・文化の地域協力組織。本部はインドネシアの首都ジャカルタ。

▶ □加盟国:10カ国
インドネシア、シンガポール、タイ、フィリピン、マレーシア、ブルネイ、ベトナム、ミャンマー、ラオス、カンボジア

□【APEC:アジア太平洋経済協力（会議）】
Asia-Pacific Economic Cooperation
環太平洋地域における多国間経済協力を進めるための条約に基づかない非公式なフォーラム。

▶ □参加国:21カ国
米国、日本、韓国、オーストラリア、ブルネイ、カナダ、インドネシア、マレーシア、ニュージーランド、フィリピン、シンガポール、タイ、中国、香港、中華民国（チャイニーズ・タイペイ）、メキシコ、パプアニューギニア、チリ、ペルー、ロシア、ベトナム

□【TPP:環太平洋パートナーシップ協定】
Trans-Pacific Partnership

▶ □環太平洋戦略的経済連携協定（原加盟4カ国）
Trans-Pacific Strategic Economic Partnership
シンガポール、ブルネイ、チリ、ニュージーランド

▶ □TPP11
離脱を表明したアメリカを除き、2018年に11カ国で調印・発効された経済協定。
加盟国:原加盟国4カ国、オーストラリア、マレーシア、ベトナム、ペルー、メキシコ、カナダ、日本

□【日米貿易協定】
アメリカのTPP離脱を受けて締結された日米の二国間貿易協定。2020年1月発効。

□【AU:アフリカ連合】
African Union
アフリカの国家統合体。本部はエチオピアの首都アディスアベバ。

▶ □アフリカ統一機構(OAU)が、2002年に発展改組して発足。
▶ □アフリカのすべての独立国家が加盟。加盟国は55カ国に。

イッキに CHECK!

月　日

■【　】にあてはまる言葉を答えよ。

■解答・解説

1 東南アジア諸国連合の略称は【　】。

ASEAN
英 Association of South-East Asian Nations

2 環太平洋地域における多国間経済協力である「**アジア太平洋経済協力**」の略称は【　】。
新傾向

APEC
英 Asia-Pacific Economic Cooperation Conference

3 世界で最もイスラム教徒の国民が多い国は【　】。

インドネシア
首都は ジャカルタ。

4 イラクの**クウェート**侵攻によって始まった湾岸戦争の湾岸とは【　】湾のことである。

ペルシャ

5 オーストラリアの【　】盆地では掘り抜き井戸を利用した放牧が盛んである。
頻出

大鑽井
よみ だいさんせい。

6 アラブ諸国を中心とした石油輸出国機構の略称は【　】。

OPEC
英 Organization of the Petroleum Exporting Countries

7 リビアで42年にわたり独裁政治を行ったのは【　】大佐。

カダフィ
人 リビア 1942年生〜 2011年没。

8 アフリカ連合の略称は【　】。
新傾向

AU
英 African Union

9 **エジプト**にある紅海と地中海を結ぶ運河は【　】運河である。

スエズ

10 ヨーロッパの**イベリア**半島とアフリカの北端を隔てる海峡は【　】海峡。
新傾向

ジブラルタル

11 **パリ**・ダカールラリーのダカールがある国は【　】。

セネガル

12 OPECに加盟しているアフリカの国は【　】、【　】、リビア、アンゴラ、ガボン、赤道ギニア、コンゴ共和国。

アルジェリア、ナイジェリア
OPEC本部は ウィーン。

1 政治・経済

2 国際

3 社会・地理

4 歴史・文化

5 国語・文学・教養

6 英語

7 数学・理科

41

18 【第2章】国際
国際経済

一般企業
マスコミ

ココがでる!

BRICsの国名は超頻出問題!

イッキに POINT!

●経済共同体・協定にはどのようなものがある? 重要

☐**AU**(アフリカ連合)
アフリカ55カ国。

☐**USMCA**(米国・メキシコ・カナダ協定)
米、カナダ、メキシコ。
2020年7月にNAFTAにかわり発効。

☐**OAS**(米州機構)
米、カナダおよび
中南米35カ国。

☐**ASEAN**(東南アジア諸国連合)
東南アジア10カ国(インドネシア、マレーシア、フィリピン、シンガポール、タイ、ブルネイ、ベトナム、ラオス、ミャンマー、カンボジア)。

●経済発展の著しい国・地域は? 重要

☐**BRICs**
経済発展著しいブラジル(B)、ロシア(R)、インド(I)、中国(C) の頭文字を合わせた名称。南アフリカ共和国(S)を含める場合もある。

☐**NIES**(新興工業経済地域)
1979年のOECDレポートが示した10の国・地域(韓国、台湾、香港、シンガポール、メキシコ、ブラジル、ギリシャ、ポルトガル、スペイン、ユーゴスラビア)。

☐**VISTA**
BRICsに続いて経済発展が著しい、ベトナム(V)、インドネシア(I)、南アフリカ共和国(S)、トルコ(T)、アルゼンチン(A)の頭文字。

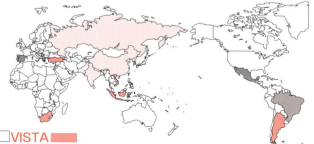

イッキに CHECK!

☐ 月 日

■【 】にあてはまる言葉を答えよ。

■解答・解説

☐ **1** 〔新傾向〕 米国、メキシコ、カナダにおいて締結されていた「北米自由貿易協定」の略称は【 】。

NAFTA
英 North American Free Trade Agreement

☐ **2** 【1】にかわり、2020年に新たに発効した米国・メキシコ・カナダ協定の略称は【 】。

USMCA
英 United States Mexico Canada Agreement

☐ **3** 〔頻出〕 石油産出国が加盟している「石油輸出国機構」の略称は【 】。

OPEC
英 Organization of the Petroleum Exporting Countries

☐ **4** 〔新傾向〕 「石油輸出国機構」の創設国５カ国のひとつで、南米の加盟国は【 】。

ベネズエラ ほかにサウジアラビア、イラン、イラク、クウェート、リビア、アラブ首長国連邦、アルジェリア、ナイジェリアなどが加盟。

☐ **5** 〔新傾向〕 米国と中南米など35カ国で構成される地域協力機構は【 】。

米州機構（OAS）
英 Organization of American States

☐ **6** 東南アジア10カ国で構成される地域協力機構は【 】。

ASEAN（東南アジア諸国連合）
英 Association of South-East Asian Nations

☐ **7** 〔新傾向〕 アフリカ統一機構（OAU）に代わり、2002年に発足したアフリカの地域協力機構は【 】。

アフリカ連合（AU）
英 African Union
OAU＝Organization of African Unity

☐ **8** 〔新傾向〕 中国、インド、ロシア、ブラジルの新興国４カ国の総称を【 】と呼ぶ。

BRICs
ブラジル（Brazil）、ロシア（Russia）、インド（India）、中国（China）の頭文字。

☐ **9** 〔新傾向〕 インドネシア、ベトナム、アルゼンチン、トルコ、南アフリカをまとめて【 】と呼ぶ。

VISTA ベトナム（Vietnam）、インドネシア（Indonesia）、南アフリカ共和国（South Africa）、トルコ（Turkey）、アルゼンチン（Argentine）の頭文字。

☐ **10** 〔新傾向〕 アイスランド、ノルウェー、スイス、リヒテンシュタインの４カ国の貿易連合は【 】。

EFTA
欧州自由貿易連合。英 European Free Trade Association

☐ **11** 日本は領海の範囲を【 】海里以内に定めている。

12

☐ **12** 〔頻出〕 沿岸国が生物・鉱物資源について主権をもつ、陸から200海里以内の水域を【 】と呼ぶ。

排他的経済水域（EEZ）
英 Exclusive Economic Zone

---

1 政治・経済
2 国際
3 社会・地理
4 歴史・文化
5 国語・文学・教養
6 英語
7 数学・理科

43

COLUMN 2　数字で見る国際

→ GDPランキング

	1990年		2000年		2019年（米ドル）
1位	米国	1位	米国	1位	米国（21兆4,332億）
2位	日本	2位	日本	2位	中国（14兆3,429億）
3位	ドイツ	3位	ドイツ	3位	日本（5兆1,487億）
4位	フランス	4位	英国	4位	ドイツ（3兆8,611億）
5位	イタリア	5位	フランス	5位	インド（2兆8,916億）

（出典：総務省統計局「世界の統計2021」）

❗ 中国は日本の約2.8倍

→ 人口の多い国

（2020年 単位:人）

1位	中国	14億3,930万
2位	インド	13億8,000万
3位	米国	3億3,310万
4位	インドネシア	2億7,350万
5位	パキスタン	2億2,090万
6位	ブラジル	2億1,260万
7位	ナイジェリア	2億610万
8位	バングラデシュ	1億6,470万
9位	ロシア	1億4,590万
10位	メキシコ	1億2,890万

（出典：総務省統計局「世界の統計2021」）

❗ 日本は11位（1億2,530万）。
日本より人口の多い国を要チェック！

→ 面積の大きい国

（単位:km²）

1位	ロシア	1,709万
2位	カナダ	998万
3位	米国	983万
4位	中国	960万
5位	ブラジル	851万

（出典：外務省HP）

→ 面積の小さい国

（単位:km²）

1位	バチカン	0.44
2位	モナコ	2.00
3位	ナウル	21.00
4位	ツバル	26.00
5位	サンマリノ	61.00

（出典：外務省HP）

第3章

社会・地理

19 【第3章】社会・地理
社会・生活

[一般企業] [マスコミ]

イッキに POINT!

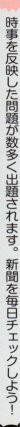

ココがでる！

時事を反映した問題が数多く出題されます。新聞を毎日チェックしよう！

●ジニ係数とは？…労働環境に関する用語 【重要】

- 【労働三法】…労働基準法、労働組合法、労働関係調整法。
- 【男女雇用機会均等法】…1985年に制定された、雇用や昇進において男女差別をなくすことを目的とした法律。
- 【働き方改革】…生産年齢人口の減少、育児・介護との両立などのニーズを受けて、生産性向上とともに多様な働き方を選択できる社会を目指す改革。
- 【ジニ係数】…社会における所得分配の不平等さを測る指標。

●長寿医療制度とは？…社会保障制度に関する用語 【重要】

- 【介護保険制度】…2000年から始まった、高齢者に介護サービスを提供する制度。40歳以上の国民は介護保険料が徴収される。
- 【長寿医療制度】…2008年から、75歳以上の後期高齢者は「長寿医療制度」に加入することが義務づけられた。
- 【住民基本台帳ネットワーク】…住民基本台帳のネットワーク化。国民一人ひとりに、11桁の住民票コードを付与。

●DVとは？…社会問題に関する用語

- 【セクハラ】…セクシャルハラスメント(sexual harassment)の略。性的いやがらせ。
- 【ドクハラ】…医者の場合は、ドクハラ(doctor harassment)。
- 【パワハラ】…パワーハラスメント。上司などの力関係を利用したいやがらせ。
- 【ドメスティックバイオレンス(DV)】…夫や恋人など身近な人物による暴力。

●世界三大珍味とは？…食に関する用語 【重要】

- 【世界三大料理】…フランス料理、トルコ料理、中華(中国)料理。
- 【世界三大珍味】…キャビア(チョウザメの卵)、フォアグラ(ガチョウの肝臓)、トリュフ(キノコの一種。西洋松露)。
- 【日本三大珍味】…うに（塩うに）、からすみ（ボラの卵巣の塩漬け）、このわた（なまこの腸の塩辛）。狭義では、越前のうに、長崎野母のからすみ、三河のこのわた。

46

イッキに CHECK!

□ 月 日

■【　】にあてはまる言葉を答えよ。

■解答・解説

□ **1** 雇用や昇進で男女差別をなくすことを目的として1985年に制定されたのは【　】法。

男女雇用機会均等

□ **2** 【新傾向】 一人当たりの労働時間を短縮し、仕事を分け合って雇用を維持する方法を【　】という。

ワークシェアリング
英 work sharing

□ **3** 夫や恋人など身近な人物から受ける暴力のことを【　】と呼ぶ。

ドメスティック・バイオレンス
英 Domestic Violence

□ **4** 郵政三事業とは、郵便、郵便貯金、【　】のこと。

簡易保険

□ **5** 日本語で「生活の質」と訳される、生活の充足感を重視する考え方を【　】という。

クオリティオブライフ（QOL）
英 Quality Of Life

□ **6** 【頻出】 「一人の女性が生涯何人の子供を産むか」という指標を【　】という。

合計特殊出生率
2005年は過去最低の1.26だった。

□ **7** 【　】係数は、社会における所得分配の不平等さを測る指標。

ジニ

□ **8** 【新傾向】 75歳以上の後期高齢者は【　】医療制度へ加入する。

長寿

□ **9** 住民基本台帳ネットワークにおいて、国民には【　】桁の住民票コードがつけられた。

11

□ **10** 【頻出】 キャビアはチョウザメ、とびっこはトビウオ、【　】はボラの卵巣である。

からすみ

□ **11** 【新傾向】 イベリコ豚は、【　】だけを餌にして飼育している。

どんぐり
イベリコ豚はスペイン原産。

□ **12** 【新傾向】 東京スカイツリー、東京タワーの全高はそれぞれ【　】m、【　】m。

634、333

---

1 政治・経済
2 国際
3 社会・地理
4 歴史・文化
5 国語・文学・教養
6 英語
7 数学・理科

47

【第3章】社会・地理
20 コンピュータ・情報通信（単位）

一般企業
マスコミ

イッキに POINT!

ココがでる！

●ITとは？…コンピュータ・情報通信用語

- □【IT】…Information Technology。情報通信。Internetの略ではないことに注意。
- □【OS】…オペレーティングシステム。Windows、MacOS、Linuxなど、コンピュータを動作させるための基礎的なソフトウェア。
- □【LAN】…ローカルエリアネットワーク。企業や家庭内など、狭い範囲のネットワークシステム。ケーブルを用いた有線LANと、電波を利用した無線LANがある。
- □【Wi-Fi(ワイ・ファイ)】…無線LANの規格の通称名。
- □【デジタル・ディバイド】…情報技術や機器を使いこなせるか否かによって生じる格差のこと。
- □【IoT】…Internet of Things。モノのインターネット。モノがネット接続され互いに通信・制御する仕組み。
- □【5G】…5th Generation。第5世代移動通信システム。

就活のためだけに限らず、パソコンのパンフレットなどの単位が理解できるようになろう。

重要

●GBとは？…コンピュータ・情報通信で用いる単位。

- □【GB】…GB(ギガバイト)＝10^9B(バイト)＝1024MB(メガバイト)。場合によっては1000MBと表記する場合もある。

記号	読み	英語	大きさ	日本語	記号	読み	英語	大きさ	日本語
□E	エクサ	exa	10^{18}	100京	□da	デカ	deca	10^1	十
□P	ペタ	peta	10^{15}	1000兆	□d	デシ	deci	10^{-1}	十分の1
□T	テラ	tera	10^{12}	1兆	□c	センチ	centi	10^{-2}	百分の1
□G	ギガ	giga	10^9	10億	□m	ミリ	milli	10^{-3}	千分の1
□M	メガ	mega	10^6	100万	□mu(μ)	マイクロ	micro	10^{-6}	百万分の1
□k	キロ	kilo	10^3	1千	□n	ナノ	nano	10^{-9}	10億分の1
□h	ヘクト	hecto	10^2	1百	□p	ピコ	pico	10^{-12}	1兆分の1

- □【bit(ビット)】…【b】コンピュータにおける情報の最小単位。0か1。
- □【byte(バイト)】…【B】1byte＝8bit。
- □【Hz(ヘルツ)】…周波数の単位。1Hz＝1秒間に1周期の波。
- □【bps】…bits per second。1秒あたりに通信できるbit数。
- □【パケット】…情報の塊のこと。情報量の基本単位として用いる。

イッキに CHECK!

☑ 月 日

■【　】にあてはまる言葉を答えよ。

■解答・解説

☑ **1** 頻出
ITは英語の【　】の略称である。

Information Technology
インターネットテクノロジーではないことに注意。

☑ **2** 頻出
情報技術や機器を使いこなせる人と使いこなせない人との間に生じる格差のことを【　】と呼ぶ。

デジタル・ディバイド
英digital divide

☑ **3** 頻出
メディアを使いこなせる能力のことを【　】と呼ぶ。

メディアリテラシー
英media literacy
デジタル・ディバイドとの混同に注意。

☑ **4**
コンピュータが扱う情報の最小単位(0/1)のことを【　】という。

ビット
英bit

☑ **5**
1バイト=【　】ビットである。

8

☑ **6** 新傾向
日本では2020年に始まった高速大容量、高信頼、多数同時接続などを特徴とする新通信規格は【　】。

5G
(5th Generation)

☑ **7**
手元のコンピュータではなく、ネットワーク先のソフトウェアやデータのサービス提供を受けることを【　】という。

クラウド・コンピューティング
英Cloud Computing・・・クラウドとは雲のこと。

☑ **8** 新傾向
インターネットのアドレス方式であるIPv4に代わる規格は【　】である。

IPv6
英Internet Protocol version6の略。
アイピーブイシックスと読む。

☑ **9** 新傾向
コンピュータに関する単位において1【　】バイト=1024ギガバイトである。

テラ
英tera
国際単位系(SI)における接頭辞の1つで、10の12乗を示す。

☑ **10** 新傾向
グーグルなどの検索エンジンで有利になるようWebを最適化することを【　】対策と呼ぶ。

SEO
英Search Engine Optimization

☑ **11**
Windowsのように市場競争の結果として基準化した事実上の業界標準を【　】という。

デファクトスタンダード
英de facto standard

☑ **12** 新傾向
極小のICチップを組み込み無線通信で情報をやりとりする電子荷札を【　】という。

ICタグ／RFIDタグ
流通の効率化、自動化に貢献することが期待されている。

【第3章】社会・地理
21 環境

一般企業 / マスコミ

ココがでる！
深刻化する地球温暖化。COP、京都議定書の出題率が高い！

イッキにPOINT!

●四大公害病とは何？

□**イタイイタイ**病
富山県神通川流域。カドミウム。

□**水俣**病
熊本県の水俣湾沿岸。有機水銀（メチル水銀）。

□**新潟水俣**病
新潟県阿賀野川下流域。有機水銀（メチル水銀）。

□**四日市ぜん息**
三重県四日市工業地域。工場煤煙。

●地球温暖化問題で知っておくべき用語は？ 【重要】

□地球サミット	環境と開発に関する国連会議。1992年、ブラジルのリオデジャネイロで開催。気候変動枠組条約、生物多様性条約、「リオ宣言」「アジェンダ21」を採択した。
□気候変動枠組条約	地球温暖化防止条約。温室効果ガスの排出量規制などを定めた条約。
□COP	条約における締約国会議のこと。気候変動枠組条約締結国会議や生物多様性条約締結国会議の略称として使われる。
□京都議定書	1997年、京都で開催されたCOP3において採択。温室効果ガスの排出削減目標を定めたが、2012年、日本は2013年以降の延長を拒否。
□パリ協定	2015年、パリで開催されたCOP21において採択。産業革命前からの気温上昇を2℃より低く抑え（努力は1.5℃）、21世紀後半の温室効果ガス排出ゼロが目標。米国はトランプ政権で離脱したが、バイデン大統領就任後に復帰。
□IPCC	気候変動に関する政府間パネル。1988年に世界気象機関（WMO）と国連環境計画（UNEP）により設立。

●環境に関する主な条約は？ 【重要】

□**ラムサール条約**（1971年）
「特に水鳥の生息地として国際的に重要な湿地に関する条約」。イランのラムサールで採択。

□**ワシントン条約**（1973年）
「絶滅のおそれのある野生動植物の種の国際取引に関する条約」。

□**バーゼル条約**（1989年）
「有害廃棄物の国境を越える移動及びその処分の規制に関する条約」。

□**生物多様性条約**（1992年）
地球上の希少種や特定地域の生物が対象。

●リサイクルに関する主な用語は？ 【重要】

□**3R**：□Reduce（リデュース：ごみの発生を減らす）、□Reuse（リユース：再使用）、□Recycle（リサイクル：ごみの再生利用）のこと。
□**家電リサイクル法**：テレビ、洗濯機、エアコン、冷蔵庫が対象。

イッキに CHECK!

月 日

■【　】にあてはまる言葉を答えよ。

■解答・解説

□1 地球の成層圏にあり、酸素の同素体によって構成される、紫外線を吸収する層を【　】という。
頻出

オゾン層
南極や北極でオゾンが薄くなった状態をオゾンホールと呼ぶ。

□2 森林破壊の原因になっている窒素酸化物や硫黄酸化物が溶け込んだ雨を【　】という。

酸性雨

□3 燃焼により生成される有害な有機塩素化合物で、発ガン性が問題になっている物質は【　】。

ダイオキシン

□4 一定の金額を預かり金として販売価格に上乗せし、製品や容器を返却すると返金するのは【　】制度。

デポジット

□5 廃棄物排出をゼロにする技術や経営を目指すことを【　】という。
新傾向

ゼロ・エミッション

□6 「条約締結国会議」の略称は【　】。

COP
奥Conference of the Parties

□7 1997年に日本で開かれたCOP3において採択され、温室効果ガスの排出削減目標を定めたのは【　】。
頻出

京都議定書
日本は1990年レベルを基準にして、2008〜12年の間に6%削減することが求められた。

□8 1987年フロンガスの使用削減を定めたのは【　】議定書。

モントリオール

□9 1989年に採択された有害廃棄物の国境を越える移動及びその処分を規制した条約は【　】条約。

バーゼル

□10 1971年に採択された、特に水鳥の生息地として国際的に重要な湿地に関する条約は【　】条約。
頻出

ラムサール
ラムサールはイランの都市。日本は1980年に釧路湿原の一部を登録して条約締結国に。

□11 動物や人のホルモンに似た化学物質である「外因性内分泌攪乱化学物質」の通称名は【　】。

環境ホルモン

□12 1975年に発効した、絶滅のおそれのある野生動植物の種の保護を目的とした条約は【　】条約。
頻出

ワシントン

1 政治・経済

2 国際

3 社会・地理

4 歴史・文化

5 国語・文学・教養

6 英語

7 数学・理科

51

22 【第3章】社会・地理
地理学・地図

一般企業 / マスコミ

ココがでる！
世界標準時と日本標準時がよく出ます。9時間の時差も覚えておこう！

イッキにPOINT!

●世界地図の種類は？

- ① 赤道
- ② 経線：子午線とも呼び、経度を表す。
- ③ 日付変更線：ほぼ経度180度の線。この線を東から西へ越えるときは日付を1日進め、西から東へ越えるときは1日遅らせる。
- ④ 北回帰線：北緯23度26分
- ⑤ 南回帰線：南緯23度26分

- メルカトル図法：航海図に利用。極に近づくほど面積や距離が拡大。

- モルワイデ図法：面積が正確。分布図に利用。

- 正距方位図法：図の中心からの距離と方位が正しい。

●覚えておくべき地理用語は？ 【重要】

世界標準時	英国・ロンドンのグリニッジ天文台を標準にした時刻。経度15度ごとに1時間の時差が生じる。
日本標準時	東経135度にある兵庫県明石市の時刻が基準。世界標準時より9時間進んでいる。
領海	陸から12海里の水域。国家の主権がおよぶ。
排他的経済水域	陸から200海里の水域。生物や鉱物資源の探査・開発・保存・管理など経済的主権をもつ。

●重要な地図記号は？ 【重要】

田	畑・牧草地	果樹園	茶畑	広葉樹林	針葉樹林
警察署	消防署	工場	発電所・変電所	城跡	灯台
市役所	町村役場	病院	保健所	税務署	気象台
自然災害伝承碑	老人ホーム	風車	博物館	図書館	電子基準点

イッキに CHECK!

☐ 月 日

■【 】にあてはまる言葉を答えよ。

■解答・解説

☐**1** 子午線とも呼ばれる、北極と南極を結ぶ地球表面上の仮想の線は【 】。

経線
赤道に平行な線は緯線。

☐**2** 〔頻出〕 世界標準時の基準となっているのは【 】天文台。

グリニッジ
英国・ロンドンにある。

☐**3** 〔頻出〕 日本標準時の基準となっている都市は、【 】県【 】市。

兵庫、明石
東経135度。

☐**4** 日付を修正するために地球表面に引かれた想像上の線を【 】と呼ぶ。

日付変更線
太平洋上を通る。

☐**5** 〔頻出〕 日本標準時は世界標準時より【 】時間進んでいる。

9
日本標準時…JST　世界標準時…GMT サマータイムのときは、イギリスとの時差は8時間。

☐**6** 角度を正しく表すことができる「正角円筒図法」とも呼ばれる地図は【 】図法。

メルカトル

☐**7** 面積を正しく表すことができ、「楕円図法」とも呼ばれる地図は【 】図法。

モルワイデ

☐**8** 同じ耕地で、1年に2度、別種の農作物を栽培することを【 】作という。

二毛
1年に同じ作物を複数回栽培するのは二期作。年をおいて複数の作物を栽培するのは輪作。

☐**9** 国土交通省の付属機関で、日本国内の測量、基本地図の作成を行う行政機関は【 】。

国土地理院

☐**10** 川が山地から平地へ流れ出る所にできた、先に広がった形の地形を【 】という。

扇状地
川が海に注ぐ河口にできるのが三角州（デルタ）。

☐**11** 地価高騰や生活環境悪化にともなって、住民が郊外に移動する現象は【 】現象。

ドーナツ化

☐**12** 〔新傾向〕 都市が郊外に向かって無秩序に拡大する現象は【 】現象。

スプロール

---

1 政治・経済

2 国際

3 社会・地理

4 歴史・文化

5 国語・文学・教養

6 英語

7 数学・理科

53

【第3章】社会・地理
23 都道府県

一般企業 / マスコミ

ココがでる!
すべての県庁所在地を完璧に覚えよう。海に接していない県なども!

●都道府県庁所在地は? 【重要】

- ①北海道 札幌市
- ②青森県 青森市
- ③岩手県 盛岡市
- ④宮城県 仙台市
- ⑤秋田県 秋田市
- ⑥山形県 山形市
- ⑦福島県 福島市
- ⑧茨城県 水戸市
- ⑨栃木県 宇都宮市
- ⑩群馬県 前橋市
- ⑪埼玉県 さいたま市
- ⑫千葉県 千葉市
- ⑬東京都 新宿区
- ⑭神奈川県 横浜市
- ⑮新潟県 新潟市
- ⑯富山県 富山市
- ⑰石川県 金沢市
- ⑱福井県 福井市
- ⑲山梨県 甲府市
- ⑳長野県 長野市
- ㉑岐阜県 岐阜市
- ㉒静岡県 静岡市
- ㉓愛知県 名古屋市
- ㉔三重県 津市
- ㉕滋賀県 大津市
- ㉖京都府 京都市
- ㉗大阪府 大阪市
- ㉘兵庫県 神戸市
- ㉙奈良県 奈良市
- ㉚和歌山県 和歌山市
- ㉛鳥取県 鳥取市
- ㉜島根県 松江市
- ㉝岡山県 岡山市
- ㉞広島県 広島市
- ㉟山口県 山口市
- ㊱徳島県 徳島市
- ㊲香川県 高松市
- ㊳愛媛県 松山市
- ㊴高知県 高知市
- ㊵福岡県 福岡市
- ㊶佐賀県 佐賀市
- ㊷長崎県 長崎市
- ㊸熊本県 熊本市
- ㊹大分県 大分市
- ㊺宮崎県 宮崎市
- ㊻鹿児島県 鹿児島市
- ㊼沖縄県 那覇市

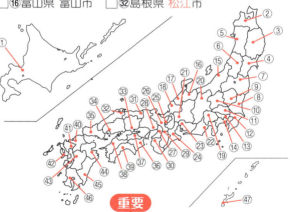

●面積の大きい県は? 【重要】

- 1位 北海道
- 2位 岩手県
- 3位 福島県
- 4位 長野県
- 5位 新潟県

●面積の小さい県は?

- 1位 香川県
- 2位 大阪府
- 3位 東京都
- 4位 沖縄県
- 5位 神奈川県

イッキにCHECK!

□ 月 日

■【 】にあてはまる言葉を答えよ。（1～10には数字が入ります）

■解答・解説

□ **1** 海に接していない都道府県は、【 】ある。

8
栃木、群馬、埼玉、山梨、長野、岐阜、滋賀、奈良

□ **2** 名前に「山」がつく都道府県は【 】ある。

6
山形、富山、山梨、和歌山、岡山、山口

□ **3** 名前に「川」がつく都道府県は【 】ある。

3
神奈川、石川、香川

□ **4** 名前に「島」がつく都道府県は【 】ある。

5
福島、島根、広島、徳島、鹿児島

□ **5** 名前に「福」がつく都道府県は【 】ある。

3
福島、福井、福岡

□ **6** 名前に「宮」がつく都道府県は【 】ある。

2
宮城、宮崎

□ **7** 名前に「岡」がつく都道府県は【 】ある。

3
静岡、岡山、福岡

□ **8** ほかの都道府県と同じ漢字をまったく使わない都道府県は【 】ある。

15
北海道、青森、岩手、秋田、群馬、栃木、埼玉、千葉、新潟、岐阜、三重、兵庫、鳥取、熊本、沖縄

□ **9** 千葉を含め、読み仮名にしたときに2音だけの都道府県は【 】ある。

6
千葉、滋賀、岐阜、奈良、三重、佐賀

□ **10** 道府県名とその道府県庁所在地名が異なる道府県は【 】カ所ある。

17

□ **11** 日本の県の中で最も面積が大きいのは【 】県。

岩手
都道府県全体では、1位)北海道 2位)岩手 3位)福島 4位)長野 5位)新潟

□ **12** 青森県から山口県までの本州を陸地だけを通っていくとき、両端の県以外で必ず通るのは【 】県。

兵庫
日本海から瀬戸内海までつながっているので必ず通る。

1 政治・経済
2 国際
3 社会・地理
4 歴史・文化
5 国語・文学・教養
6 英語
7 数学・理科

55

【第3章】社会・地理
24 温泉・祭り・焼き物

一般企業
マスコミ

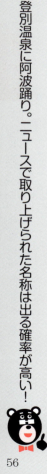

ココがでる!

登別温泉に阿波踊り。ニュースで取り上げられた名称は出る確率が高い!

イッキにPOINT!

●覚えておきたい温泉は? 【重要】

- □ 登別温泉(北海道)
- □ 鳴子温泉(宮城)
- □ 草津温泉(群馬)
- □ 伊香保温泉(群馬)
- □ 鬼怒川温泉(栃木)
- □ 箱根温泉郷(神奈川)
- □ 熱海温泉(静岡)
- □ 下呂温泉(岐阜)
- □ 白骨温泉(長野県)
- □ 白浜温泉(和歌山)
- □ 有馬温泉(兵庫県)
- □ 道後温泉(愛媛)
- □ 三朝温泉(鳥取)
- □ 別府温泉(大分)
- □ 由布院温泉(大分)
- □ 指宿温泉(鹿児島)

❗「平成30年北海道胆振東部地震」の影響で宿泊客のキャンセルが問題に。

●覚えておきたい祭りは? 【重要】

- □ 東北三大祭り
  - □ ねぶた祭り(青森)
  - □ 七夕祭り(宮城)
  - □ 竿燈祭り(秋田)
- □ さっぽろ雪まつり(北海道)
- □ 蘇民祭(岩手)
- □ 花笠まつり(山形)
- □ なまはげ(秋田)
- □ 郡上踊り(岐阜)
- □ 祇園祭(京都)
- □ だんじり祭り(大阪)
- □ 阿波踊り(徳島)
- □ よさこい祭り(高知)
- □ 長崎くんち(長崎)
- □ 博多祇園山笠(福岡)
- □ 博多どんたく(福岡)

ねぶた祭り 七夕祭り 竿燈祭り
写真:共同通信社

❗2018年、運営を巡り徳島市と阿波おどり振興協会が対立。総踊りの中止や人出の水増し疑惑で紛糾した。

●覚えておきたい焼き物は? 【重要】

- □ 益子焼(栃木)
- □ 越前焼(福井)
- □ 九谷焼(石川)
- □ 瀬戸焼(愛知)
- □ 常滑焼(愛知)
- □ 美濃焼(岐阜)
- □ 信楽焼(滋賀)
- □ 備前焼(岡山)
- □ 萩焼(山口)
- □ 有田、伊万里焼(佐賀)
- □ 唐津焼(佐賀)
- □ 壺屋焼(沖縄)

イッキに CHECK!

□ 月 日

■次の名称はどの都道府県のものか。

□	**1**	ねぶた祭り
□	**2**	竿燈祭り
□	**3**	七夕祭り（東北三大祭りの一つ）
□	**4**	だんじり祭り
□	**5**	阿波踊り
□	**6**	蘇民祭
□	**7**	三朝温泉
□	**8**	草津温泉
□	**9**	下呂温泉
□	**10**	白骨温泉
□	**11**	道後温泉
□	**12**	由布院温泉
□	**13**	熱海温泉
□	**14**	有馬温泉
□	**15**	和倉温泉
□	**16**	益子焼
□	**17**	九谷焼
□	**18**	瀬戸焼
□	**19**	美濃焼
□	**20**	有田焼・伊万里焼

■解答・解説

青森県 青森県青森市で開催される夏祭り。青森県弘前市で開かれるのは、ねぶた祭り。

秋田県 毎年夏に秋田県秋田市で行われる祭り。

宮城県 全国で七夕祭りが開催されるが、宮城県仙台市のものが有名。

大阪府 大阪府岸和田市で毎年秋に行われる祭り。

徳島県 徳島県（旧・阿波国）で毎年夏に開催される盆踊り。

岩手県 岩手県を中心に各地で開催される裸祭り。

鳥取県
よみ みささ

群馬県
よみ くさつ

岐阜県
よみ げろ

長野県 よみ しらほね。入浴剤混入により問題となったことがある。

愛媛県 よみ どうご。松山市。夏目漱石の「坊っちゃん」にも登場する。

大分県 よみ ゆふいん。近くに別府温泉もある。

静岡県
よみ あたみ

兵庫県
よみ ありま

石川県
よみ わくら

栃木県
よみ ましこ

石川県
よみ くたに

愛知県
よみ せと

岐阜県
よみ みの

佐賀県
よみ ありた・いまり

---

1 政治・経済

2 国際

3 社会・地理

4 歴史・文化

5 国語・文学・教養

6 英語

7 数学・理科

【第3章】社会・地理
25 日本地理・地形①

一般企業 / マスコミ

イッキに POINT!

● 日本の主な山、川、湖、島、海流、半島、岬は？ 【重要】

ココがでる！

北方四島の位置を確認！ 名称は漢字で書けるようにしよう。

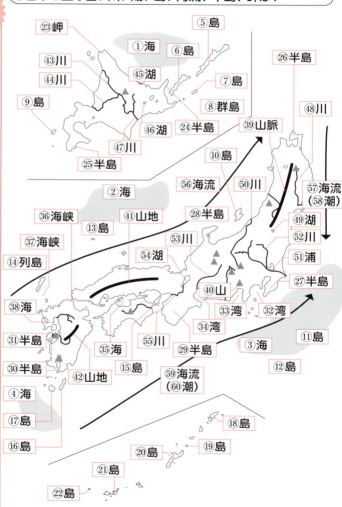

イッキにCHECK!

■左の地図の番号に適切な言葉を入れよ。

- ① オホーツク海
- ② 日本海
- ③ 太平洋
- ④ 東シナ海
- ⑤ 択捉(えとろふ)島
- ⑥ 国後(くなしり)島
- ⑦ 色丹(しこたん)島
- ⑧ 歯舞(はぼまい)群島
- ⑨ 奥尻(おくしり)島
- ⑩ 佐渡(さど)島
- ⑪ 南鳥(みなみとり)島
- ⑫ 沖ノ鳥(おきのとり)島
- ⑬ 竹(たけ)島
- ⑭ 対馬(つしま)列島
- ⑮ 淡路(あわじ)島
- ⑯ 種子(たねが)島
- ⑰ 屋久(やく)島
- ⑱ 奄美(あまみ)大島
- ⑲ 与論(よろん)島
- ⑳ 沖縄島
- ㉑ 石垣(いしがき)島
- ㉒ 与那国(よなぐに)島
- ㉓ 宗谷(そうや)岬
- ㉔ 知床(しれとこ)半島
- ㉕ 松前(まつまえ)半島
- ㉖ 下北(しもきた)半島
- ㉗ 房総(ぼうそう)半島
- ㉘ 能登(のと)半島
- ㉙ 紀伊(きい)半島
- ㉚ 大隅(おおすみ)半島
- ㉛ 薩摩(さつま)半島
- ㉜ 相模(さがみ)湾
- ㉝ 駿河(するが)湾
- ㉞ 伊勢湾
- ㉟ 瀬戸内海
- ㊱ 関門海峡
- ㊲ 対馬(つしま)海峡
- ㊳ 有明(ありあけ)海
- ㊴ 奥羽(おうう)山脈
- ㊵ 富士山
- ㊶ 中国山地
- ㊷ 九州山地
- ㊸ 天塩(てしお)川
- ㊹ 石狩川
- ㊺ サロマ湖
- ㊻ 阿寒(あかん)湖
- ㊼ 十勝(とかち)川
- ㊽ 北上(きたかみ)川
- ㊾ 猪苗代(いなわしろ)湖
- ㊿ 信濃(しなの)川
- (51) 霞ヶ(かすみが)浦
- (52) 利根(とね)川
- (53) 木曽(きそ)川
- (54) 琵琶(びわ)湖
- (55) 淀(よど)川
- (56) 対馬(つしま)海流
- (57) 千島(ちしま)海流
- (58) 親(おや)潮
- (59) 日本海流
- (60) 黒(くろ)潮

【第3章】社会・地理

26 日本地理・地形②

一般企業
マスコミ

ココがでる！

三大河川（信濃川、利根川、石狩川）はよく出る！　位置も覚えよう。

イッキにPOINT!

●高い山ベスト5は？

- □1位 富士山　3,776m
- □2位 北岳　3,193m
  - ❶南アルプス（赤石山脈）1位
- □3位 奥穂高岳　3,190m
  - ❶北アルプス（飛騨山脈）1位
- □3位 間ノ岳　3,190m
  - ❶2014年に標高が修正された
- □5位 槍ケ岳　3,180m

●大きい湖ベスト5は？ 【重要】

- □1位 琵琶湖　669㎢
- □2位 霞ヶ浦　168㎢
- □3位 サロマ湖　152㎢
- □4位 猪苗代湖　103㎢
- □5位 中海　86㎢
  - ❶鳥取・島根

●長い川ベスト5は？ 【重要】

- □1位 信濃川　367km
  - ❶千曲川と犀川が合流してできる
- □2位 利根川　322km
  - ❶日本三大暴れ川のひとつ
- □3位 石狩川　268km
- □4位 天塩川　256km
- □5位 北上川　249km

●流域面積の大きい川ベスト5は？ 【重要】

- □1位 利根川　16,840㎢
- □2位 石狩川　14,330㎢
- □3位 信濃川　11,900㎢
- □4位 北上川　10,150㎢
- □5位 木曽川　9,100㎢

●最北・最南・最東・最西端は？ 【重要】

- □最北端 択捉島（北海道）
- □最南端 沖ノ鳥島（東京都）
  - ❶岩2つからなる無人島
- □最東端 南鳥島（東京都）
- □最西端 与那国島（沖縄県）

※北方領土を含む

●面積の大きい島ベスト5は？

- □1位 択捉島　3,167㎢
- □2位 国後島　1,489㎢
- □3位 沖縄島　1,207㎢
- □4位 佐渡島　855㎢
- □5位 奄美大島　712㎢

※北方領土を含む

イッキに CHECK!

☑ 月 日

■【 】にあてはまる言葉を答えよ。　　　　■解答

☑1	富士山の標高は【 】m。	3,776
☑2	日本で最も大きい湖は【 】湖。	琵琶
☑3	日本で2番目に大きい湖は【 】。	霞ヶ浦
☑4	日本で3番目に大きい湖は【 】湖。	サロマ
☑5	日本で最も長い川は【 】川。	信濃
☑6	日本で2番目に長い川は【 】川。	利根
☑7	日本で3番目に長い川は【 】川。	石狩
☑8	日本で最も流域面積の大きい川は【 】川。	利根
☑9	日本で2番目に流域面積の大きい川は【 】川。	石狩
☑10	日本で3番目に流域面積の大きい川は【 】川。	信濃
☑11	日本の最北端は北方領土の【 】島。	択捉
☑12	日本の最南端は【 】島。	沖ノ鳥
☑13	日本の最東端は【 】島。	南鳥
☑14	日本の最西端は【 】島。	与那国
☑15	北方領土で最も大きな面積の島は【 】島。	択捉
☑16	日本列島の総面積は約【 】万km²。	38
☑17	関東に広く分布する火山灰が堆積した地層は【 】。	関東ローム層
☑18	南九州の火山灰が堆積してできた地形は【 】台地。	シラス
☑19	山口県の石灰岩でできた地形は、【 】地形。	カルスト
☑20	三陸海岸の海岸線は【 】海岸。	リアス(式)

1 政治・経済
2 国際
3 社会・地理
4 歴史・文化
5 国語・文学・教養
6 英語
7 数学・理科

61

【第3章】社会・地理
27 世界地理・地形①

一般企業
マスコミ

イッキに POINT!

● 世界の主な海、海峡、山脈、砂漠、川、湖、山は? **重要**

ココがでる!

意外と知らない海峡の名称。位置とともにしっかりチェックしましょう。

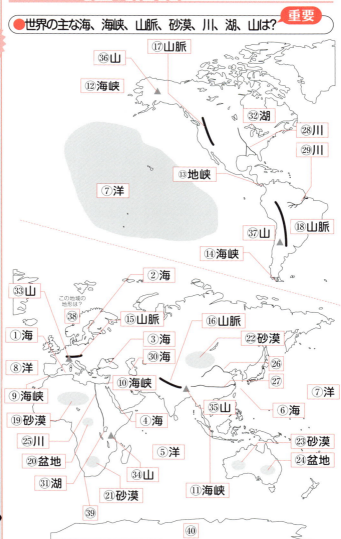

イッキに CHECK!

月　日

■左の地図の番号に適切な言葉を入れよ。

① 地中海

② バルト海

③ 黒海

④ 紅海

⑤ インド洋

⑥ 東シナ海

⑦ 太平洋

⑧ 大西洋

⑨ ジブラルタル海峡

⑩ スエズ海峡

⑪ マラッカ海峡

⑫ ベーリング海峡

⑬ パナマ地峡

⑭ マゼラン海峡

⑮ アルプス山脈

⑯ ヒマラヤ山脈

⑰ ロッキー山脈

⑱ アンデス山脈

⑲ サハラ砂漠

⑳ コンゴ盆地

㉑ カラハリ砂漠

㉒ ゴビ砂漠

㉓ グレートビクトリア砂漠

㉔ 大鑽井盆地

㉕ ナイル川

㉖ 黄河

㉗ 長江（揚子江）

㉘ ミシシッピ川

㉙ アマゾン川

㉚ カスピ海

㉛ ビクトリア湖

㉜ スペリオル湖

㉝ モンブラン山

㉞ キリマンジャロ山

㉟ エベレスト山

㊱ デナリ山（旧名マッキンリー山）

㊲ アコンカグア山

㊳ フィヨルド

㊴ 喜望峰

㊵ 南極大陸

1 政治・経済

2 国際

3 社会・地理

4 歴史・文化

5 国語・文学・教養

6 英語

7 数学・理科

63

28 世界地理・地形②

【第3章】社会・地理

一般企業 / マスコミ

イッキに POINT!

ココがでる！ 山、湖、川、海溝、島。それぞれの1位は必ず覚えよう！ 頻出です。

●各地域の最高峰は？ 【重要】

- □西欧　　モンブラン山　　　4,810m ― ❶アルプス山脈の最高峰
- □アフリカ　キリマンジャロ山　5,892m
- □アジア　エベレスト山　　　8,848m ― ❶チベット語でチョモランマ。世界最高峰
- □北米　　デナリ山　　　　　6,194m
- □南米　　アコンカグア山　　6,959m ― ❶旧名マッキンリー山。冒険家植村直己が遭難。
- □南極　　ビンソンマシフ山　4,897m

●大きい湖ベスト5は？

- □1位　カスピ海　　　　374,000km²
- □2位　スペリオル湖　　82,367km² ― ❶五大湖の北西端
- □3位　ビクトリア湖　　68,800km²
- □4位　ヒューロン湖　　59,570km² ― ❶五大湖の真ん中
- □5位　ミシガン湖　　　58,016km²

●長い川ベスト5は？ 【重要】

- □1位　ナイル川　　　　6,695km
- □2位　アマゾン川　　　6,516km
- □3位　長江(揚子江)　　6,380km
- □4位　ミシシッピ・ミズーリ川　5,969km
- □5位　オビ・イルチシ川　5,568km

●流域面積の大きい川ベスト5は？ 【重要】

- □1位　アマゾン川　　　705万km²
- □2位　コンゴ(ザイール)川　370万km²
- □3位　ナイル川　　　　335万km²
- □4位　ミシシッピ・ミズーリ川　325万km²
- □5位　ラプラタ川　　　310万km²

●深い海溝ベスト5は？

- □1位　マリアナ海溝　10,920m
  - ❶エベレスト山もすっぽり入る！
- □2位　トンガ海溝　　10,800m
- □3位　フィリピン海溝　10,057m
- □4位　ケルマデック海溝　10,047m
- □5位　伊豆・小笠原海溝　9,780m

●大きい島ベスト5は？

- □1位　グリーンランド　217.6万km²
- □2位　ニューギニア島　77.2万km²
- □3位　ボルネオ(カリマンタン)島　73.7万km²
- □4位　マダガスカル島　59.0万km²
- □5位　バッフィン島　　51.2万km²

イッキに CHECK!

□ 月 日

■【　】にあてはまる言葉を答えよ。

■解答・解説

□ **1** 世界最高峰のエベレスト山の現地名は【　】は。
チョモランマ
8,848m。

□ **2** 世界で2番目に高い山は【　】。
K2
8,611m。

□ **3** 北米大陸の最高峰で、探検家植村直己が遭難した山は【　】。
デナリ
6,194m。マッキンリーから改名。

□ **4** 南米大陸の最高峰は【　】山。
アコンカグア
6,959m。

□ **5** 南極大陸の最高峰は【　】山。
ビンソンマシフ
4,897m。

□ **6** アフリカ大陸の最高峰は【　】山。
キリマンジャロ
5,892m。

□ **7** ヨーロッパで最高峰は【　】山。
モンブラン
4,810m。

□ **8** 世界で最も大きい湖沼は【　】。
カスピ海
374,000km²。

□ **9** 世界で2番目に大きい湖沼は【　】。
スペリオル湖
82,367km²。

□ **10** 世界で最も長い川は【　】川。
ナイル
6,695km。

□ **11** 世界で2番目に長い川は【　】川。
アマゾン
6,516km。

□ **12** 世界で3番目に長い川は【　】。
長江(揚子江)
6,380km。

□ **13** 世界で最も流域面積の大きい川は【　】川。
アマゾン
705万km²。

□ **14** 世界で2番目に流域面積の大きい川は【　】川。
コンゴ(ザイール)
370万km²。

□ **15** 世界で3番目に流域面積の大きい川は【　】川。
ナイル
335万km²。

□ **16** 世界で最も深い海溝は【　】海溝。
マリアナ
10,920m。

□ **17** 5大陸以外で、世界で最も大きい島は【　】島。
グリーンランド
218万km²。

□ **18** 5大陸以外で、世界で2番目に大きい島は【　】島。
ニューギニア
77万km²。

□ **19** 世界で最も水深が深く世界の20%の淡水があるとされる湖沼は【　】湖。
バイカル
最大水深1,741m。

□ **20** 透明度が世界2位の日本の湖は【　】湖。
摩周
北海道にある。

---

1 政治・経済
2 国際
3 社会・地理
4 歴史・文化
5 国語・文学・教養
6 英語
7 数学・理科

65

【第3章】社会・地理
29 世界の主な国①アメリカ・ヨーロッパ

一般企業 / マスコミ

イッキに POINT!

●必ずチェックすべき国とその首都は？　**重要**

ココがでる！
意外と覚えていない南米と北欧の国の首都。盲点を突かれますよ！

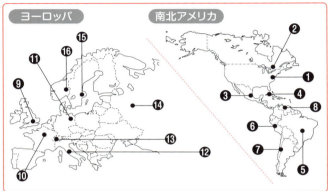

国　名	漢字略称	首　都
❶アメリカ合衆国	米	ワシントンD.C.
❷カナダ	加	オタワ
❸メキシコ	墨	メキシコシティ
❹キューバ	玖	ハバナ
❺ブラジル	伯	ブラジリア
❻ペルー	秘	リマ
❼チリ	智	サンティアゴ
❽ベネズエラ	委	カラカス
❾イギリス	英	ロンドン
❿フランス	仏	パリ
⓫ドイツ	独	ベルリン
⓬イタリア	伊	ローマ
⓭スイス	瑞	ベルン
⓮ロシア	露	モスクワ
⓯スウェーデン	瑞、典	ストックホルム
⓰ノルウェー	諾	オスロ

月　日

イッキに CHECK!

■次のキーワードにあてはまる国名を答えよ。

		■解答・解説
□ 1	シティ、ポンド、グリニッジ天文台、エリザベス女王	**イギリス** 首都:ロンドン
□ 2	シチリア島、セリエA、ワイン、ポンペイ	**イタリア** 首都:ローマ
□ 3	世界三大料理、ブローニュの森、モン・サン・ミシェル修道院	**フランス** 首都:パリ
□ 4	ブランデンブルク門、ビール、東西統合、ボン	**ドイツ** 首都:ベルリン
□ 5	ブダペスト、マジャール、ドナウ川	**ハンガリー** 首都:ブダペスト
□ 6	赤の広場、ツンドラ、千島列島、バルチック艦隊	**ロシア** 首都:モスクワ
□ 7	ユトランド半島、アンデルセン、クローネ	**デンマーク** 首都:コペンハーゲン
□ 8	福祉国家、ボスニア湾、イケア、H&M、エリクソン	**スウェーデン** 首都:ストックホルム
□ 9	木材、アムンゼン、ムンク	**ノルウェー** 首都:オスロ
□ 10	行進曲、世界三大料理、オスマン帝国	**トルコ** 首都:アンカラ
□ 11	バルセロナ、ガウディ、無敵艦隊、ジブラルタル海峡	**スペイン** 首都:マドリード
□ 12	4つの公用語、時計、観光、秘密銀行、ゴッタルドトンネル	**スイス** 首都:ベルン
□ 13	アウシュビッツ収容所、ワルシャワ条約	**ポーランド** 首都:ワルシャワ
□ 14	ラクロス、フランス語、イヌイット、ケベック州独立問題	**カナダ** 首都:オタワ
□ 15	50州、サイパン、五大湖、グラウンド・ゼロ、ディエゴガルシア島	**アメリカ合衆国** 首都:ワシントンD.C.
□ 16	ポルトガル語、BRICs、サンバ、カポエイラ	**ブラジル** 首都:ブラジリア
□ 17	石油、OPEC、野球、チャベス大統領	**ベネズエラ** 首都:カラカス
□ 18	アステカ・マヤ文明、スペイン、ユカタン半島	**メキシコ** 首都:メキシコシティ
□ 19	フジモリ大統領、日本大使公邸占拠事件、インカ文明	**ペルー** 首都:リマ
□ 20	葉巻、ラム酒、チェ・ゲバラ、カストロ議長	**キューバ** 首都:ハバナ

1 政治・経済

2 国際

3 社会・地理

4 歴史・文化

5 国語・文学・教養

6 英語

7 数学・理科

【第3章】社会・地理
30 世界の主な国②アジア・アフリカ

一般企業 / マスコミ

ココがでる！

中東情勢の緊迫が続くなか、中東諸国の位置と首都名は出題率が高い！

イッキにPOINT!

●必ずチェックすべき国とその首都は？ 　**重要**

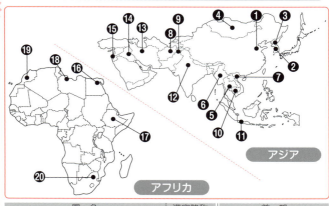

アジア / アフリカ

国　名	漢字略称	首　都
❶中華人民共和国（中国）	中	北京（ペキン）
❷大韓民国（韓国）	韓	ソウル
❸朝鮮民主主義人民共和国（北朝鮮）	朝	平壌（ピョンヤン）
❹モンゴル	蒙	ウランバートル
❺タイ	泰	バンコク
❻ミャンマー	緬	ネーピードー
❼ベトナム	越	ハノイ
❽アフガニスタン	－	カブール
❾パキスタン	－	イスラマバード
❿カンボジア	柬	プノンペン
⓫インドネシア	尼	ジャカルタ※1
⓬インド	印	ニューデリー
⓭イラン	－	テヘラン
⓮イラク	－	バグダッド
⓯イスラエル	－	エルサレム※2
⓰エジプト	埃	カイロ
⓱エチオピア	－	アディスアベバ
⓲リビア	－	トリポリ
⓳モロッコ	－	ラバト
⓴南アフリカ共和国	南阿（痈）	プレトリア

※1　東カリマンタンへの移転計画がある
※2　多くの国が首都と認めておらず、テルアビブに大使館を置いている

イッキに CHECK!

月　日

■次のキーワードにあてはまる国名を答えよ。

■解答・解説

1 チャオプラヤ川、仏教国、米、シャム
タイ
首都：バンコク

2 ビルマ、少数民族、アウン・サン・スー・チー
ミャンマー
首都：ネーピードー

3 サイゴン、ドイモイ政策、アオザイ
ベトナム
首都：ハノイ

4 ルックイースト、スルタン制、ボルネオ島
マレーシア
首都：クアラルンプール

5 ムジャヒディン、タリバン、北部同盟、バーミヤン
アフガニスタン
首都：カブール

6 ポルポト派、メコン川、アンコールワット
カンボジア
首都：プノンペン

7 中継貿易、NIES（新興工業経済地域）、マーライオン
シンガポール
都市国家

8 マゼラン、カトリック、ミンダナオ島、マルコス大統領
フィリピン
首都：マニラ

9 スマトラ島、東ティモール独立、ジャワ原人、スカルノ大統領
インドネシア
首都：ジャカルタ※1

10 マハラジャ、カシミール、茶、ガンジー、IT産業
インド
首都：ニューデリー

11 カラチ、インダス川、K2（ゴッドウィン・オースティン山）
パキスタン
首都：イスラマバード

12 オサマ・ビン・ラディン、ベドウィン、ワジ、メッカ
サウジアラビア
首都：リヤド

13 ペルシャ、シャー、シーア派、キャビア
イラン
首都：テヘラン

14 ルクソール、シナイ半島、アスワンハイダム、スエズ運河
エジプト
首都：カイロ

15 ゴールドコースト、カカオ、ボルタ川、アナン国連7代事務総長
ガーナ
首都：アクラ

16 大地溝帯、赤道、米大使館爆破事件、マサイ・マラ動物保護区
ケニア
首都：ナイロビ

17 タナ湖、アビシニア、イタリア、内戦、食糧危機
エチオピア
首都：アディスアベバ

18 カダフィ大佐、サハラ砂漠、パン・アメリカン航空機爆破事件
リビア
首都：トリポリ

19 内戦、飢饉、ソマリランド、プントランド、国連平和維持軍
ソマリア
首都：モガディシオ

20 パリ・ダカールラリー、フランス語、ベルデ岬、落花生
セネガル
首都：ダカール

1 政治・経済
2 国際
3 社会・地理
4 歴史・文化
5 国語・文学・教養
6 英語
7 数学・理科

69

COLUMN 3　間違えやすい国旗

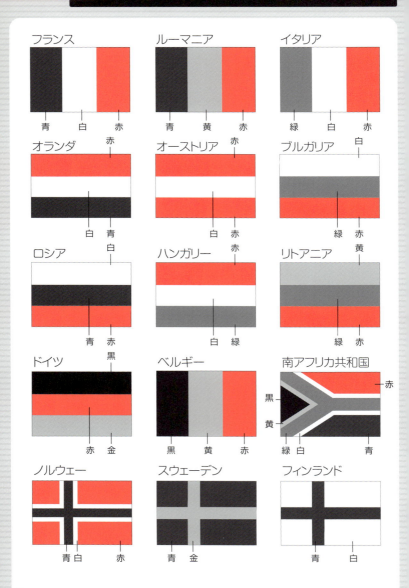

第4章

歴史・文化

31

【第4章】歴史・文化

日本史①

一般企業
マスコミ

ココが
でる！

江戸の三大改革がよく出る！　人物とその年代順を整理しよう。

イッキに **POINT!**

●重要な法律は？　　　重要

□十七条の憲法	604年	厩戸王(聖徳太子)時代に制定。
□班田収授の法	652年	公地公民の考え方。
□大宝律令	701年	天皇中心の中央集権国家。
□三世一身の法	723年	開墾地の私有が三世代の間認められる。
□墾田永年私財法	743年	荘園の増大を招く。
□御成敗式目	1232年	執権・北条泰時が制定。
□武家諸法度	1615年	大名統制の法令。参勤交代など。
□生類憐みの令	1685年	5代将軍・徳川綱吉。

●○○の乱といえば？

□壬申の乱	672年	皇位を巡る争い。天武天皇の勝利。
□平治の乱	1159年	平 清盛vs源 義朝。平氏が勝利。
□承久の乱	1221年	後鳥羽上皇が鎌倉幕府に対し挙兵。
□応仁の乱	1467〜77年	戦国時代に突入。
□島原の乱	1637年	天草四郎を首領にキリスト教農民らが一揆。

●○○の戦いといえば？

□壇ノ浦の戦い	1185年	源 義経の率いる源氏軍に敗れ平氏滅亡。
□川中島の戦い	1553〜64年	長野市。武田信玄vs上杉謙信。
□桶狭間の戦い	1560年	織田信長が今川義元を破る。
□関ヶ原の戦い	1600年	岐阜県。徳川家康ら東軍が勝利。

●江戸時代の三大改革は？　　　重要

□享保の改革	1716〜45年	8代将軍徳川吉宗。公事方御定書目安箱。
□寛政の改革	1787〜93年	老中・松平定信。異学の禁(朱子学を官学に)。
□天保の改革	1841〜43年	老中・水野忠邦。株仲間の解散、人返しの法。

イッキに CHECK!

月　日

■【　】にあてはまる言葉を答えよ。

■解答・解説

☑ **1** 604年に制定されたのは【　】の憲法。

十七条

☑ **2** 645年の乙巳の変から始まる大化の改新において、701年に成立した法律は【　】。

大宝律令
よみ たいほうりつりょう。

☑ **3** 723年に開墾地の私有が認められたのは【　】の法による。

三世一身
よみ さんぜいっしん。

☑ **4** 743年に開墾地の永続的な私有が認められたのは【　】法による。

墾田永年私財
よみ こんでんえいねんしざい。

☑ **5** 1232年（鎌倉時代）に制定された武家のための法律は【　】。

御成敗式目
よみ ごせいばいしきもく。

☑ **6** 672年の皇位を巡って争われた【　】の乱で天武天皇が勝利した。

壬申
よみ じんしん。

☑ **7** 1159年の【　】の乱で平清盛と源 義朝で戦い、平家が勝利した。

平治
よみ へいじ。

☑ **8** 1467年に勃発した【　】の乱は戦国時代のきっかけとなった。
頻出

応仁
よみ おうにん。

☑ **9** 1637年に天草四郎らがキリスト教の弾圧に反発して起こしたのは【　】の乱。

島原
よみ しまばら。

☑ **10** 1837年に、大坂町奉行の【　】らは、江戸幕府に反乱を起こした。

大塩平八郎
人日 よみ おおしおへいはちろう。
1793年生〜1837年没。

☑ **11** 織田信長が今川義元を破ったのは1560年の【　】の戦い。

桶狭間
よみ おけはざま。

☑ **12** 江戸の三大改革は、年代順に【　】の改革、【　】の改革、【　】の改革。
頻出

享保、寛政、天保
よみ きょうほう、かんせい、てんぽう。

---

1 政治・経済

2 国際

3 社会・地理

4 歴史・文化

5 国語・文学・教養

6 英語

7 数学・理科

73

【第4章】歴史・文化
32 日本史②

一般企業 / マスコミ

ココがでる！
ニュースによく登場する遺跡・古墳は要注意！ 場所も覚えよう。

●重要な遺跡・古墳は？ 【重要】

□ 三内丸山遺跡	縄文時代	青森県。国内最大の縄文集落。
□ 吉野ケ里遺跡	弥生時代	佐賀県。邪馬台国・九州説の裏付けとして注目。
□ 纒向遺跡	弥生時代	奈良県。邪馬台国・畿内説の裏付けとして注目。
□ 登呂遺跡	弥生時代	静岡県。
□ キトラ古墳	古墳時代	奈良県明日香村。天文図。
□ 仁徳天皇陵	古墳時代	大仙陵古墳。大阪府。前方後円墳。
□ 高松塚古墳	飛鳥時代	奈良県明日香村。西壁女子群像。

●三大和歌集は？

□ 万葉集	奈良時代	現存最古の歌集。撰者は大伴家持とされる。
□ 古今和歌集	平安時代	醍醐天皇の命で、紀貫之らが編さん。
□ 新古今和歌集	鎌倉時代	後鳥羽上皇の命で藤原定家らが編さん。

●仏教について覚えることは？ 【重要】

□ 鑑真	奈良時代	唐から来日。唐招提寺を建立。	□ 親鸞	鎌倉時代	浄土真宗。
□ 行基	奈良時代	初の大僧正。	□ 一遍	鎌倉時代	時宗、踊り念仏。
□ 最澄	平安時代	天台宗。比叡山・延暦寺を建立。	□ 栄西	鎌倉時代	臨済宗。
□ 空海	平安時代	真言宗。高野山・金剛峰寺を建立。	□ 道元	鎌倉時代	曹洞宗、永平寺。
□ 法然	平安〜鎌倉時代	浄土宗。	□ 日蓮	鎌倉時代	日蓮宗。

●よく出る天皇は？

□ 推古天皇	593年	聖徳太子が摂政となる。
□ 天智天皇	645年	中大兄皇子として大化の改新を実現。
□ 桓武天皇	794年	平安京に遷都。
□ 後醍醐天皇	1334年	建武の新政を始める。

イッキに CHECK!

■【　】にあてはまる言葉を答えよ。

■解答・解説

□1 奈良県明日香村で発掘された【　】古墳には玄武像、白虎像、天文図などが描かれている。
新傾向

キトラ

□2 佐賀県にあり邪馬台国の遺跡ではないかと注目されたのは【　】遺跡。

吉野ケ里
よみ よしのがり。

□3 日本の三大和歌集のうち、奈良時代に編纂されたのは【　】。

万葉集
撰者は大伴家持。

□4 日本の三大和歌集のうち、平安時代に編纂されたのは【　】。

古今和歌集
撰者は紀貫之ら。

□5 日本の三大和歌集のうち、鎌倉時代に編纂されたのは【　】。

新古今和歌集
撰者は藤原定家ら。

□6 奈良時代に唐から来日し、唐招提寺を建立した人物は【　】。
頻出

鑑真
よみ がんじん。

□7 天台宗の始祖で延暦寺を建立したのは【　】。
頻出

最澄
よみ さいちょう。

□8 真言宗の始祖で金剛峰寺を建立したのは【　】。
頻出

空海
よみ くうかい。

□9 法華宗の始祖は【　】。
頻出

日蓮
よみ にちれん。

□10 聖徳太子が摂政をしていた、日本初の女帝は【　】天皇。
頻出

推古
よみ すいこ。

□11 大化の改新を行った中大兄皇子として知られるのは【　】天皇。
頻出

天智
よみ てんじ。

□12 平安京に遷都したのは【　】天皇。
頻出

桓武
よみ かんむ。

75

【第4章】歴史・文化
33 世界史①

一般企業 / マスコミ

ココがでる！
四大文明や三大宗教などは、再整理して思い出そう！

イッキに POINT!

●四大文明とは？ 【重要】

□メソポタミア文明
- チグリス川・ユーフラテス川
- くさび形文字
- ハンムラビ法典、太陰暦

□インダス文明
- インダス川
- 絵文字
- モヘンジョ・ダロ、ハラッパ

□黄河文明
- 黄河
- 甲骨文字
- 青銅器

□エジプト文明
- ナイル川
- ヒエログリフ
- パピルス、太陽暦

●三大宗教とは？

	□キリスト教	□イスラム教	□仏教
開祖	イエス・キリスト	ムハンマド（マホメット）	ゴータマ・シッダールタ（仏陀、釈迦）
神	父なる神と子なるイエス・キリスト	アラー	諸仏
経典	旧約聖書、新約聖書	コーラン	仏教経典
聖地	エルサレム	メッカ	ブッダガヤ
祈りの場	教会	モスク	寺院
主な宗派	カトリック、プロテスタント	スンニ派、シーア派	大乗仏教、小乗仏教

●大航海時代とは？ 【重要】

□**コロンブス**（地図①）
スペイン女王の援助。イタリア人。新大陸（西インド諸島）発見。

□**バスコ・ダ・ガマ**（地図②）
ポルトガル王の命。ポルトガル人。喜望峰を通ってインド航路を開拓。

□**マゼラン**（地図③）
スペイン王の援助。ポルトガル人。世界一周。マゼラン海峡を発見。

大航海時代の探検者たちの航路

イッキに CHECK!

■【　】にあてはまる言葉を答えよ。

■解答・解説

☑ **1** メソポタミア文明を支えた河川は【　】川と【　】川。

チグリス、ユーフラテス
現在のイラク。

☑ **2** メソポタミア文明では【　】法典が定められた。

ハンムラビ
「目には目を歯には歯を」で有名。

☑ **3** 古代エジプトで使われた文字は【　】。

ヒエログリフ

☑ **4** ツタンカーメン王の墓が発見されたのは【　】の谷。

王家

☑ **5** ユダヤ教、イスラム教、キリスト教の３つの宗教の聖地となっている都市は【　】。

エルサレム
2017年にアメリカはイスラエルの首都と認定。

☑ **6** イスラム教の現在の最大宗派は【　】派。

スンニ
ムハンマドのスンニ（言行）に従う人。シーア派と対立。

☑ **7** 仏教は民衆の救済を求める【　】仏教と、個人の修行を重視する【　】仏教に分かれる。

大乗、小乗
小乗仏教は上座部仏教ともいう。小乗は大乗からみた呼名。

☑ **8** 西インド諸島を発見したのは、スペイン女王の援助を受けたイタリア人の【　】。

コロンブス
人 伊 1446年頃生～1506年没。

☑ **9** ヨーロッパからアフリカ沖を通るインド航路を発見したのは【　】。

バスコ・ダ・ガマ
人 ポルトガル 1469年頃生～1524年没。

☑ **10** [9]が発見したアフリカ南部の岬は【　】。

喜望峰

☑ **11** 初めて世界一周を達成した船団の船長は【　】。

マゼラン
人 ポルトガル 1480年頃生～1521年没。

☑ **12** [11]が発見した南アメリカ大陸南端の海峡は【　】海峡。

マゼラン

34

【第4章】歴史・文化

世界史②（革命・戦争）

一般企業
マスコミ

ココがでる！

二つの世界大戦の違い、原爆関連はよく出題されます。

イッキに POINT!

●主な市民革命・独立戦争は？

	国	年代	出来事
□清教徒革命 （ピューリタン革命）	英	1642 〜49年	クロムウェルら議会派が勝利。
□名誉革命 （無血革命）	英	1688年	ジェームズ2世を追放し、娘婿のウィリアム3世が即位。「権利章典」発布。
□アメリカ独立戦争	米	1775 〜83年	英国本国に反発。パリ条約で「アメリカ合衆国」の独立承認。初代大統領にワシントン。
□フランス革命	仏	1789 〜99年	ルイ16世に反発した市民がバスチーユ監獄襲撃。ロベスピエールら急進派が恐怖政治。

●第一次世界大戦とは？ 重要

```
              三国協商 ◄── 対立 ──►  三国同盟
      日英同盟    英国                ドイツ
 日本 ─────     フランス            オーストリア
               ロシア               （イタリア）
      ＋                            ＋
 米国、イタリア、セルビアなど      オスマン帝国、ブルガリア
   連合国（勝ち）◄── VS ──► 同盟国（負け）
```

1914年、サラエボ事件をきっかけに第一次世界大戦へ。
└（セルビア青年がオーストリア皇太子を暗殺）
1918年、ドイツ革命によるワイマール共和国誕生で終戦。

●第二次世界大戦とは？ 重要

```
 英国、フランス、米国             日独伊三国軍事同盟
 中国、オランダ、ポーランド          日本、ドイツ
       など                      イタリアなど
   連合国（勝ち）◄── VS ──► 枢軸国（負け）
```

1939年、ドイツがポーランドに侵入して第二次世界大戦へ。
1943年イタリア降伏、1945年5月ドイツ降伏。
1945年8月6日、広島に原子爆弾投下、8月9日に長崎に投下。
日本がポツダム宣言を決定し、1945年8月15日に玉音放送。
1945年9月2日に米国艦船ミズーリ号上で降伏調印式。
1951年9月8日にサンフランシスコ平和条約調印。

78

イッキに CHECK!

月 日

■【　】にあてはまる言葉を答えよ。

■解答・解説

□1 17世紀の英国で起こった清教徒革命は別名【　】革命とも呼ばれる。
【頻出】

ピューリタン

□2 名誉革命後に発布されたのは【　】の章典。
【頻出】

権利

□3 フランス革命において、市民が襲撃したのは【　】監獄。

バスチーユ

□4 第一次世界大戦時の三国協商は英国、フランス、【　】の協力関係。

ロシア

□5 第一次世界大戦勃発のきっかけとなったのはオーストリア皇太子が暗殺された【　】事件。

サラエボ
セルビア青年による暗殺。

□6 第二次世界大戦において、日本、ドイツ、【　】は軍事同盟を結んでいた。
【頻出】

イタリア

□7 第二次世界大戦は、ドイツが【　】に侵攻して始まった。

ポーランド

□8 ユダヤ人が強制収容・虐殺されたアウシュビッツ収容所は現在の【　】国にある。
【新傾向】

ポーランド

□9 「アンネの日記」のアンネ・フランクが隠れていた家があるのは【　】王国。

オランダ
首都アムステルダム。

□10 広島に原爆が落とされたのは、【　】年【　】月【　】日。

1945、8、6
長崎は8月9日。

□11 太平洋戦争の激戦地である硫黄島の日本軍の指揮官だったのは【　】大将。
【新傾向】

栗林忠道
【人日】よみ くりばやしただみち。
1891年生〜1945年没。

□12 アメリカ独立戦争によって初代大統領になったのは【　】。

ワシントン
【人米】1732年生〜99年没。リンカーンは第16代。

1 政治・経済

2 国際

3 社会・地理

4 歴史・文化

5 国語・文学・教養

6 英語

7 数学・理科

79

【第4章】歴史・文化
35 音楽

一般企業 / マスコミ

ココがでる！ ドイツ三大B（バッハ、ベートーベン、ブラームス）は毎年出ます。

●主な作曲家と音楽形式は？ 【重要】

●バロック

作曲家名	出身国	代表作	説明
□ビバルディ	イタリア	四季	独奏協奏曲を大成。
□バッハ	ドイツ	マタイ受難曲、ブランデンブルク協奏曲	音楽の父。ドイツ三大Bの一人。
□ヘンデル	ドイツ	水上の音楽、メサイア	音楽の母。

ドイツ三大B

バッハ

●古典派

作曲家名	出身国	代表作	説明
□ハイドン	オーストリア	皇帝、天地創造、告別	交響楽の父。
□モーツァルト	オーストリア	魔笛、フィガロの結婚	ミドルネーム：アマデウス。神童。
□ベートーベン	ドイツ	月光、運命、英雄	楽聖。ドイツ三大Bの一人。

ベートーベン

●ロマン派

作曲家名	出身国	代表作	説明
□シューベルト	オーストリア	野ばら、魔王、未完成交響曲	歌曲の王。
□ショパン	ポーランド	小犬のワルツ、別れの曲	ピアノの詩人。
□ブラームス	ドイツ	ハンガリー舞曲、ドイツレクイエム	ドイツ三大Bの一人。

ブラームス

●その他の代表的作曲家は？

作曲家名	出身国	代表作
□メンデルスゾーン	ドイツ	無言歌集
□リスト	ハンガリー	ハンガリー狂詩曲
□ワーグナー	ドイツ	ニーベルングの指輪(ワルキューレ)、タンホイザー
□ヨハン・シュトラウス	オーストリア	美しく青きドナウ、こうもり
□チャイコフスキー	ロシア	くるみ割り人形、白鳥の湖
□ドボルザーク	チェコ	新世界より、スラブ舞曲
□プッチーニ	イタリア	トゥーランドット、蝶々夫人
□ドビュッシー	フランス	海、ベルガマスク組曲・月の光
□マーラー	オーストリア	巨人、復活、千人の交響曲

●重要な音楽用語は？

- □ア・カペラ：伴奏のない合唱曲。
- □独奏＝ソロ、二重奏＝デュオ、デュエット、三重奏＝トリオ、四重奏＝カルテット、五重奏＝クインテット。
- □シンフォニー：交響曲
- □コンチェルト：協奏曲
- □ノクターン：夜想曲
- □プレリュード：前奏曲

イッキに CHECK!

☑ 　月　日

■【 】にあてはまる言葉を答えよ。

■解答・解説

☑ **1** 「ゆがんだ真珠」に由来し、人工的な音を意味する18世紀の音楽形式は【 　】音楽。

バロック
代表的な音楽家に<u>バッハ</u>や<u>ヘンデル</u>など。

☑ **2** 四重奏のことを別名【 　】という。
頻出

カルテット
独奏＝ソロ、二重奏＝デュオ、デュエット、三重奏＝トリオ、五重奏＝クインテット。

☑ **3** 「協奏曲」のことを【 　】という。

コンチェルト

☑ **4** 「夜想曲」のことを【 　】という。
頻出

ノクターン

☑ **5** 死者の魂を鎮めるための「<u>ミサ曲（鎮魂曲）</u>」を【 　】という。

レクイエム

☑ **6** 「ドイツ三大Ｂ」と呼ばれる作曲家は、<u>バッハ</u>、<u>ベートーベン</u>と【 　】。

ブラームス
人独 1833年生〜97年没。

☑ **7** 「マタイ受難曲」「ブランデンブルク協奏曲」の作曲者は【 　】。
頻出

バッハ
人独 1685年生〜1750年没。
「音楽の父」と呼ばれる。

☑ **8** 「月光」「悲愴」「運命」の作曲者は【 　】。

ベートーベン
人独 1770年生〜1827年没。

☑ **9** 「魔笛」「フィガロの結婚」「ジュピター交響曲」の作曲者は【 　】。

モーツァルト
人オーストリア
1756年生〜91年没。

☑ **10** 「野ばら」「魔王」「未完成交響曲」の作曲者は【 　】。

シューベルト
人オーストリア
1797年生〜1828年没。

☑ **11** 2009年米国開催のヴァン・クライバーン国際ピアノコンクールにおいて日本人で初優勝した全盲のピアニストは【 　】。

辻井伸行
人日 よみ つじいのぶゆき。
1988年生〜。

☑ **12** 浅田真央がソチオリンピックのフィギュアスケート女子フリーで使用した「ピアノ協奏曲第2番」のロシア人作曲者は【 　】。
新傾向

ラフマニノフ
人露
1873年生〜1943年没。

---

1 政治・経済
2 国際
3 社会・地理
4 歴史・文化
5 国語・文学・教養
6 英語
7 数学・理科

81

36 【第4章】歴史・文化
建築・美術

一般企業 / マスコミ

ココがでる！ 代表的な画家・建築家とその作品の組み合わせは頻出！

イッキに POINT!

●主な画家・彫刻家と美術形式は？ **重要**

●ルネサンス三大巨匠

画家・彫刻家名	出身国	代表作
□ レオナルド・ダ・ビンチ	イタリア	最後の晩餐、モナ・リザ
□ ミケランジェロ	イタリア	彫刻「ダビデ」像、「ピエタ」、絵画「最後の審判」
□ ラファエロ	イタリア	大公の聖母、アテネの学堂

●バロック

□ レンブラント	オランダ	トゥルプ博士の解剖学講義、夜警、風車

●ロマン派

□ ドラクロア	フランス	民衆を率いる自由の女神

●自然主義

□ ミレー	フランス	落穂拾い、晩鐘、種まく人

●印象派

□ マネ	フランス	笛を吹く少年、草上の昼食、オランピア
□ モネ	フランス	睡蓮、印象・日の出
□ ルノアール	フランス	ムーラン・ド・ラ・ギャレットの舞踏場、浴女たち、桟敷
□ ドガ	フランス	踊りの花形、浴盤
□ ゴーギャン	フランス	タヒチの女、黄色いキリスト
□ ロダン	フランス	「考える人」「カレーの市民」「地獄の門」
□ ゴッホ	オランダ	ひまわり、アルルの跳ね橋、夜のカフェテラス

●20世紀

□ ピカソ	スペイン	ゲルニカ、アビニョンの娘たち
□ ダリ	スペイン	柔らかい時計、ナルシスの変貌
□ ル・コルビュジエ	スイス	国立西洋美術館。2016年に世界文化遺産登録

●主な建築家と代表作は？

□ **ガウディ**
スペイン／1852年生～1926年没
サグラダ・ファミリア教会、グエル公園、カサ・ミラ

サグラダ・ファミリア

□ **ヨーン・ウツソン**
デンマーク／1918年生～2008年没
シドニーのオペラハウス

オペラハウス

□ **丹下健三**
日本／1913年生～2005年没
広島平和記念資料館、国立代々木体育館、東京都庁舎

東京都庁舎

□ **安藤忠雄**
日本／1941年生～
表参道ヒルズ、地下鉄副都心線渋谷駅

表参道ヒルズ

写真：共同通信社

イッキに CHECK!

☑ 月 日

■【　】にあてはまる言葉を答えよ。

■解答・解説

☑ **1** 新傾向
「モナ・リザ」「最後の晩餐」の作者は【　】。

レオナルド・ダ・ビンチ
人伊 1452年生～1519年没。

☑ **2** 頻出
「最後の審判」「ダビデ」像、「モーゼ」像、「天地創造」の作者は【　】。

ミケランジェロ
人伊 1475年生～1564年没。

☑ **3** 頻出
「睡蓮」「散歩・日傘をさす女」の作者は【　】。

モネ
人仏 1840年生～1926年没。

☑ **4**
「ムーラン・ド・ラ・ギャレットの舞踏場」「桟敷」「浴女たち」の作者は【　】。

ルノアール
人仏 1841年生～1919年没。

☑ **5**
「踊り子」「少女の顔」の作者は【　】。

ドガ
人仏 1834年生～1917年没。

☑ **6**
「タヒチの女」「黄色いキリスト」の作者は【　】。

ゴーギャン
人仏 1848年生～1903年没。

☑ **7** 頻出
「ひまわり」「収穫」「アルルの跳ね橋」の作者は【　】。

ゴッホ
人 オランダ 1853年生～90年没。

☑ **8**
「民衆を率いる自由の女神」の作者は【　】。

ドラクロア
人仏 1798年生～1863年没。

☑ **9**
「落ち穂拾い」「晩鐘」の作者は【　】。

ミレー
人仏 1814年生～75年没。

☑ **10** 頻出
「考える人」「カレーの市民」の作者は【　】。

ロダン
人仏 1840年生～1917年没。彫刻家。

☑ **11** 頻出
「サグラダ・ファミリア教会」「グエル公園」「カサ・ミラ」を設計した建築家は【　】。

ガウディ
人 スペイン 1852年生～1926年没。アール・ヌーボー様式。

☑ **12** 新傾向
「サントリーミュージアム・天保山」「水の教会」「表参道ヒルズ」を設計した建築家は【　】。

安藤忠雄
人日 あんどうただお。1941年生～。

1 政治・経済

2 国際

3 社会・地理

4 歴史・文化

5 国語・文学・教養

6 英語

7 数学・理科

83

【第4章】歴史・文化

37 伝統芸能

一般企業
マスコミ

イッキに POINT!

ココがでる！
伝統芸能の襲名に関する最新ニュースは要チェック。名跡を覚えよう。

●伝統芸能のキーワードは？

❶「みょうせき」と読む　**重要**

□**襲名**：歌舞伎や落語の世界で、親や師匠などの名前（名跡）を受け継いで自分の名とすること。

主な襲名		
歌舞伎	七代目 市川新之助	→ 十一代目 市川海老蔵（2004年）
	市川亀治郎	→ 四代目 市川猿之助（2012年）
	中村橋之助	→ 八代目 中村芝翫（2016年）
	市川右近	→ 四代目 市川右團次（2017年）
落語	林家こぶ平	→ 九代目 林家正蔵（2005年）
	林家いっ平	→ 二代目 林家三平（2009年）
	三遊亭楽太郎	→ 六代目 三遊亭円楽（2010年）
	桂三枝	→ 六代目 桂文枝（2012年）

□**真打**：落語家や講談師の最も高い身分で、寄席の最後に出演できる。前座→二つ目→真打と昇進。

□**歌舞伎・能のキーワード**
　□**梨園**（りえん）：歌舞伎の世界を指す。唐の玄宗の時代に芸人たちが、梨の植えられた梨園と呼ばれる庭園に集められ、芸を磨いたとされる中国の故事に由来。
　□**観阿弥／世阿弥**（かんあみ／ぜあみ）：南北朝時代の親子で、猿楽（現在の能）を大成。多くの謡曲を残している。世阿弥は「風姿花伝」を著した。

□**落語のキーワード**
　□**寄席**（よせ）：落語をはじめ、漫才、浪曲、手品などの技芸を見せる席亭。狭義の寄席と言われるのは、上野鈴本演芸場、新宿末広亭、浅草演芸ホール、池袋演芸場。
　□**高座**（こうざ）：寄席などで、落語家などの芸人が演じるための一段高い場所。

●将棋・囲碁のキーワードは？

□**将棋八冠**：竜王、名人、棋聖、王位、王座、棋王、王将、叡王。

　□**藤井聡太**：史上最年少プロ将棋棋士としてプロデビュー。29連勝し公式戦最多連勝記録を更新。2020年には史上最年少でタイトル（棋聖）を獲得、さらに王位も獲得して二冠。2021年には叡王も含めて史上最年少三冠に。

□**囲碁七大タイトル**：棋聖、名人、本因坊、十段、王座、天元、碁聖。

　□**井山裕太**：史上初めて囲碁七大タイトルを制覇。
　□**芝野虎丸**：2020年、史上最年少でタイトル（名人・王座）獲得。
　□**仲邑菫**（なかむらすみれ）：2019年、10歳0カ月で史上最年少プロ棋士に。

84

イッキにCHECK!

| | 月 日 |

■【　】にあてはまる言葉を答えよ。

□1 歌舞伎界のことを中国の故事になぞらえて【　】と呼ぶ。

□2 **頻出** 歌舞伎や落語で、親または師匠などの名前を継ぐことを【　】と呼ぶ。

□3 歌劇の一種だが独特の歌い方や華麗な衣装に特徴がある中国を代表する古典劇は【　】。

□4 落語家のうち、一日の最後の演目を務めることのできる高い位を持つ者を【　】と呼ぶ。

□5 寄席で芸を演じる席のことを【　】と呼ぶ。

□6 舞台において、客席から見て右の方を【　】と呼ぶ。

□7 **頻出** 将棋八冠とは、名人・王将・王位・棋聖・棋王・王座・叡王・【　】。

□8 重要無形文化財保持者のことを一般的に【　】と呼ぶ。

□9 **頻出** 室町期に父親と共に能を完成し、能楽論である「風姿花伝」を著した人物は【　】。

□10 安土桃山時代の茶人で侘茶の湯の大成者だが、豊臣秀吉に切腹を命じられた人物は【　】。

□11 **新傾向** 1989年に女性歌手で初めて国民栄誉賞を受賞した人物は【　】。

□12 史上初めて囲碁七大タイトルを制覇し、2018年に国民栄誉賞を受賞したのは【　】。

■解答・解説

梨園
よみ りえん。唐の玄宗が梨の木のある庭園で音楽を教えたという故事から。

襲名
よみ しゅうめい。落語一門に伝わる由緒ある芸名を「名跡」（みょうせき）という。

京劇
よみ きょうげき。「北京の劇」が語源。

真打
よみ しんうち。「前座」→「二つ目」→「真打」の順に位が上がる。

高座
よみ こうざ。業界用語で「板」とも。

上手
よみ かみて。左側を下手（しもて）と呼ぶ。

竜王
よみ りゅうおう。
叡王は2017年にタイトルに昇格。

人間国宝
芸能・工芸技術の2部門に分かれて指定される。

世阿弥
入日 **よみ** ぜあみ。1363年頃生〜1443年頃没。父親は観阿弥（1333年生〜84年没）。

千利休
入日 **よみ** せんのりきゅう。1522年〜91年没。千宗易（そうえき）と号した。

美空ひばり
入日 **よみ** みそらひばり。1937年生〜89年没。「悲しき口笛」「柔」「川の流れのように」など。

井山裕太
入日 **よみ** いやまゆうた。1989年生〜。

---

1 政治・経済

2 国際

3 社会・地理

4 歴史・文化

5 国語・文学・教養

6 英語

7 数学・理科

85

【第4章】歴史・文化

38 映画・演劇・テレビ

一般企業
マスコミ

ココが
でる！

世界三大映画祭の最新情報については別冊を要チェック！

イッキに POINT!

●世界三大映画祭と日本関係の受賞は？ 　重要

□**カンヌ**国際映画祭（**フランス**）／最高賞は**パルム・ドール**
- 2007年に河瀬直美監督「殯の森」が審査員特別賞。
- 2018年に是枝裕和監督「万引き家族」がパルム・ドール。

□**ベルリン**国際映画祭（**ドイツ**）／最高賞は**金熊賞**
- 2002年に宮崎駿監督「千と千尋の神隠し」が金熊賞。
- 2010年に「キャタピラー」（若松孝二監督）の寺島しのぶが、左幸子（1964年）、田中絹代（1975年）に次ぎ、日本人3人目の最優秀女優賞（銀熊賞）。山田洋次監督が、ベルリナーレ・カメラ賞（特別功労賞）。
- 2012年に和田淳監督「グレートラビット」が短編部門銀熊賞。
- 2014年に山田洋次監督「小さいおうち」の黒木華が最優秀女優賞。

□**ベネチア**国際映画祭（**イタリア**）／最高賞（作品賞）は**金獅子賞**
- 1951年に「羅生門」（黒澤明監督）が金獅子賞。
- 北野武監督は1997年に「HANA-BI」で金獅子賞、2003年に「座頭市」で監督賞（銀獅子賞）など。
- 2004年に宮崎駿監督「ハウルの動く城」がオゼッラ賞。
- 2007年に北野武監督「監督・ばんざい！」にちなんで、「監督・ばんざい！賞」が創設され、北野武監督が受賞。
- 2011年、園子温監督「ヒミズ」で染谷将太と二階堂ふみが新人賞ダブル受賞。
- 2020年、黒沢清監督「スパイの妻」が銀獅子賞（監督賞）受賞。

●その他の芸能賞は？ 　重要

□**ゴールデングローブ賞**：映画とテレビドラマに与えられる賞。

□**エミー賞**：米国のテレビ番組に与えられる賞。

□**トニー賞**：米国の演劇、ミュージカルの賞。

□**グラミー賞**：米国の音楽業界の賞。
- 2014年にバイオリニスト五島みどりが参加した作品が受賞。

□**ラジー賞**（ゴールデン・ラズベリー賞）
アカデミー賞の前夜に、最低の映画に贈られる賞。

86

イッキに CHECK!

☑ 月 日

■【 】にあてはまる言葉を答えよ。

■解答・解説

☑**1** 宮崎駿監督の「千と千尋の神隠し」が最高の賞を受賞したのは、【 】国際映画祭。

ベルリン
三大国際映画祭で初めて、アニメーションが最高の賞を獲得した。

☑**2** （頻出）ベルリン国際映画祭で最優秀作品に贈られる賞の名前は【 】賞。

金熊
審査員グランプリ、最優秀監督賞、最優秀主演俳優賞などは銀熊賞。

☑**3** （頻出）カンヌ国際映画祭で最優秀作品に贈られる賞の名前は【 】。

パルム・ドール
第42回までは「グランプリ」が最高の賞だったが、パルム・ドールの新設により2番目に。

☑**4** 第57回（2004年度）カンヌ国際映画祭で、日本人初の主演男優賞を取った俳優は【 】。

柳楽優弥
入試 よみ やぎらゆうや。是枝裕和監督「誰も知らない」に出演。

☑**5** 北野武監督の「HANA-BI」が受賞したのは、【 】国際映画祭。

ベネチア
第54回（1997年）に金獅子賞を受賞。

☑**6** 2012年、和田淳監督「グレートラビット」が短編部門銀熊賞を受賞したのは【 】国際映画祭。

ベルリン
熊はベルリン、獅子はベネチア。

☑**7** （頻出）米国のテレビ・放送界でアカデミー賞に匹敵する賞は、【 】賞。

エミー

☑**8** （頻出）ブロードウェイで上映された演劇とミュージカルの中から選ばれた作品に贈られる賞は、【 】賞。

トニー

☑**9** ローアングルの撮影で家族をモチーフにした作品の「東京物語」や「晩春」の監督は【 】。

小津安二郎
入試 よみ おづやすじろう。1903年生〜63年没。

☑**10** 元「劇団四季」の代表で、長野オリンピック開会式の演出も手がけた日本人演出家は【 】。

浅利慶太
入試 よみ あさりけいた。1933年生〜2018年没。

☑**11** （新傾向）アカデミー賞の前夜に、最低の映画に贈られる賞は【 】賞。

**ラジーまたは
ゴールデン・ラズベリー**

☑**12** （新傾向）アカデミー賞外国語賞が正式の賞になってから初めて受賞した日本映画は【 】。

おくりびと
滝田洋二郎監督。納棺師役の主演は本木雅弘。

39 【第4章】歴史・文化
哲学・思想

一般企業 / マスコミ

ココがでる！

人名とその著作名、有名な言葉を結びつけて覚えよう！

イッキにPOINT!

●主な哲学者・思想家は？ 【重要】

人名	年代	説明・著書
【古代ギリシャ】		
□プラトン	紀元前427–紀元前347	古代ギリシャの哲学者でソクラテスの弟子。「ソクラテスの弁明」「国家論」
□アリストテレス	紀元前384–紀元前322	プラトンの弟子。「万学の祖」と呼ばれる。「形而上学」「政治学」
【フランス】		
□デカルト	1596–1650	近代哲学の祖。「我思う、故に我あり」は哲学史上有名な命題。ライプニッツ、スピノザとともに合理主義哲学者。「方法序説」
□パスカル	1623–1662	数学者、物理学者でもある。「人間は考える葦である」は著書「パンセ」の中の言葉。
□モンテスキュー	1689–1755	啓蒙思想家。「法の精神」の中で三権分立論を唱えた。
□ルソー	1712–1778	フランス革命やそれ以降の社会思想に多大な影響。「社会契約論」
□サルトル	1905–1980	無神論的実存主義の哲学者で作家。講演「実存主義はヒューマニズムであるか」で「実存は本質に先立つ」と主張。「存在と無」「嘔吐」
【英国】		
□ベーコン	1561–1626	経験論哲学者。現実の観察や実験を重んじる帰納法を主張し、近代合理主義の道を開く。「ノヴム・オルガヌム」
【ドイツ】		
□カント	1724–1804	ドイツ観念論哲学を創始。「純粋理性批判」「実践理性批判」「判断力批判」の三批判書
□ヘーゲル	1770–1831	ドイツ観念論を代表する思想家。弁証法導入。「精神現象学」
□エンゲルス	1820–1895	マルクスと協力して科学的社会主義の世界観を構築。「空想から科学へ」
□ニーチェ	1844–1900	実存主義哲学者。「ツァラトゥストラはかく語りき」「悲劇の誕生」
□ハイデッガー	1889–1976	実存主義哲学者。現象学の手法を用い、存在論を展開。「存在と時間」
【デンマーク】		
□キルケゴール	1813–1855	デンマークの哲学者。実存主義の創始者。「あれかこれか」「死に至る病」「不安の概念」
【中国】		
□孔子	紀元前551–紀元前479	儒教の始祖。死後、孔子と彼の高弟の言行を弟子たちが記録した書物が「論語」。
□孟子	紀元前372–紀元前289推定	儒学者。性善説を唱え、仁義による王道政治を目指した。
□老子	紀元前5世紀頃	思想家で道家の開祖。
□荘子	紀元前369–紀元前286推定	老子の思想を発展させた思想家。道教の始祖の一人。

イッキに CHECK!

月 日

■【　】にあてはまる言葉を答えよ。

□1 【頻出】 唯物論を説き、「リバイアサン」を著したのは【　】。

□2 「純粋理性批判」「実践理性批判」を著したのは【　】。

□3 【頻出】 三権分立論を説き、「法の精神」を著したのは【　】。

□4 「君主論」を著したのは【　】。

□5 「形而上学入門」を著したのは【　】。

□6 【頻出】 「知は力なり」という名言を残した人物は【　】。

□7 【頻出】 「無知の知」という名言を残した人物は【　】。

□8 【頻出】 「人間は考える葦である」という名言を残した人物は【　】。

□9 「徳は知である」という名言を残した人物は【　】。

□10 【頻出】 「我思う、故に我あり」という名言を残した人物は【　】。

□11 儒教や論語の元となる教えを説いたのは【　】。

□12 【新傾向】 中国の春秋時代の武将孫武の尊称で、その兵法書は【　】の兵法と呼ばれる。

■解答・解説

ホッブズ
人英 1588年生～1679年没。哲学者・政治理論家。

カント
人独 1724年生～1804年没。哲学者で観念論哲学を説いた。

モンテスキュー
人仏 1689年生～1755年没。啓蒙思想家・法律家。

マキャベリ
人伊 1469年生～1527年没。政治家。

ハイデッガー
人独 1889年生～1976年没。哲学者で、実存主義を説いた。

ベーコン
人英 1561年生～1626年没。哲学者、法律家。

ソクラテス
人 ギリシャ 紀元前470年生～紀元前399年没。プラトンの師。

パスカル
人仏 1623年生～62年没。数学者・物理学者、哲学者。「パンセ」を著した。

プラトン
人 ギリシャ 紀元前427年生～紀元前347年没。ソクラテスの弟子、アリストテレスの師。

デカルト
人仏 1596年生～1650年没。

孔子
人中 よみ こうし。中国春秋時代。

孫子
人中 よみ そんし。中国春秋時代。

1 政治・経済
2 国際
3 社会・地理
4 歴史・文化
5 国語・文学・教養
6 英語
7 数学・理科

89

COLUMN **4** # 20世紀の偉人たち

政治家

ウラジーミル・レーニン（1870－1924、ロシア）
▶ロシアの共産主義政党のロシア社会民主労働党・ボリシェヴィキの指導者。1917年、ロシア革命を成功に導く。

マハトマ・ガンディー（1869－1948、インド）
▶英国からのインド独立運動の指導者。非暴力・不服従を提唱し、世界の植民地解放運動に平和主義的手法として大きな影響を与えた。

ウィンストン・チャーチル（1874－1965、英国）
▶英国戦時内閣の首相として、第二次世界大戦を勝利に導き、大戦終結後も再び首相に。1953年にノーベル文学賞受賞。

毛沢東（1893－1976、中国）
▶中国共産党の創立党員で、中華人民共和国の建国の父。文化大革命を主導。1972年には北京で米ニクソン大統領と会見し両国の関係改善に道を開く。

ジョン・F・ケネディ（1917－1963、米国）
▶民主党大統領候補としてリチャード・ニクソンに勝利し、1961年1月、アメリカ合衆国35代大統領に就任。キューバ危機を回避、ベトナム戦争早期撤退を計画。任期半ばの63年、ダラスで暗殺された。

ノーベル賞受賞者

アルベルト・アインシュタイン（1879－1955、ドイツ）
▶ドイツ生まれのユダヤ人の理論物理学者。特殊相対性理論、一般相対性理論を発表。光電効果の法則の発見などで、1921年にノーベル物理学賞。

マザー・テレサ（1910－1997、マケドニア）
▶カトリック教会の修道女で、1950年に修道会「神の愛の宣教者会」を創立。貧しい人々のために献身的な活動を行う。79年にノーベル平和賞を受賞。

湯川秀樹（1907－1981、日本）
▶中間子理論の提唱などで原子核・素粒子物理学の発展に大きく寄与した理論物理学者。1949年に日本人初めてのノーベル賞を受賞（物理学賞）。

川端康成（1899－1972、日本）
▶新感覚派の代表として活躍した小説家。「伊豆の踊子」「雪国」「千羽鶴」などの作品を発表。1968年に日本人初のノーベル文学賞を受賞。

スポーツ選手

モハメド・アリ（1942－2016、米国）
▶元プロボクサー。1960年のローマ五輪でライトヘビー級のメダリストとなり、プロに転向。無敗でヘビー級王座を獲得し3度王座奪取に成功、通算19度の防衛を果たす。人種差別との戦い、ベトナム戦争の徴兵拒否など、リング外でも注目。

カール・ルイス（1961－、米国）
▶元陸上選手。1984年のロサンゼルス五輪で、100m、200m、走り幅跳び、男子4×100mリレーの4種目で金メダルを獲得。35歳で出場した96年のアトランタ五輪では、走り幅跳びでオリンピック個人種目4連覇の偉業を達成。

ミュージシャン

ジョン・レノン（1940－1980、英国）
▶ロックバンド「ザ・ビートルズ」のリーダーを務め、1970年の解散後はソロ・シンガーとして活躍。妻のオノ・ヨーコとともに平和活動家としても活動した。

マイケル・ジャクソン（1958－2009、米国）
▶"King of Pop"と称された歌手、ダンサー。1966年に4人の兄たちと「ジャクソン5」を結成。ソロになってからは「スリラー」が記録的なヒットを飛ばす。2009年6月、享年50で死去。

第5章

国語・文学・教養

40 よく出る漢字

【第5章】国語・文学・教養

一般企業 / マスコミ

ココがでる！

読むのは簡単でも、書くとなると…。そんな漢字がよく出題されます！

イッキに POINT!

●よく出る漢字は？ 重要

□おうしゅう	応酬	□くし	駆使	□せんさい	繊細
□かいこ	回顧	□くじゅう	苦渋	□だとう	妥当
□かくう	架空	□くつじょく	屈辱	□だらく	堕落
□かじょう	過剰	□けいじ	啓示	□ちくせき	蓄積
□かつぼう	渇望	□けっしゅつ	傑出	□ついずい	追随
□かんわ	緩和	□こうみょう	巧妙	□ていねい	丁寧
□きかん	帰還	□こちょう	誇張	□てってい	徹底
□ぎきょく	戯曲	□さっかく	錯覚	□ばくぜん	漠然
□きげん	機嫌	□しさ	示唆	□ほうかい	崩壊
□きょうじゅ	享受	□しゅうとう	周到	□まさつ	摩擦
□きょうしゅく	恐縮	□じゅうなん	柔軟	□ゆうり	遊離
□ぎょうしゅく	凝縮	□しょうとつ	衝突	□よくよう	抑揚
□きょこう	虚構	□すいこう	遂行	□ろてい	露呈
□きんこう	均衡	□せっしゅ	摂取	□ねんしゅつ	捻出

●新しく追加された常用漢字・音訓読みは？ 重要

□あいさつ	挨拶	□かんげき	間隙	□ける	蹴る
□あいまい	曖昧	□しっと	嫉妬	□ふもと	麓
□いす	椅子	□とばく	賭博	□ののしる	罵る
□いんとう	咽頭	□ねんしゅつ	捻出	□はぐくむ	育む
□おんねん	怨念	□ふほう	訃報	□ほうる	放る
□けいがい	形骸	□めいりょう	明瞭	□つたない	拙い
□がんぐ	玩具	□はくだつ	剥奪	□かなめ	要
□しょうけい	憧憬	□いる	煎る	□いんぺい	隠蔽

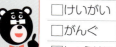

92

イッキに CHECK!

月 日

■カタカナを適切な漢字に直せ。　■解答

□1 頻出　田舎で**アンノン**とした生活を送る。　安穏

□2 一連の不祥事に**イカン**の意を示した。　遺憾

□3 **イゼン**として台風の勢力が強い。　依然

□4 物語が**カキョウ**に入る。　佳境

□5 **カンガイ**深い思い出を語る。　感慨

□6 前途を**キグ**する。　危惧

□7 家庭を**ギセイ**にして仕事に専念する。　犠牲

□8 頻出　大自然の恵みを**キョウジュ**する。　享受

□9 数々の**ケッサク**を遺した文豪。　傑作

□10 頻出　利下げが**ケイキ**となって景気が上向いた。　契機

□11 問題提起して**ケイショウ**を鳴らした。　警鐘

□12 彼は**ケンキョ**な人物だ。　謙虚

□13 古い慣習に**コシツ**するな。　固執

□14 社員の士気を**コブ**する。　鼓舞

□15 人事を**サッシン**する。　刷新

□16 **シャクゼン**としない態度にいらだつ。　釈然

□17 頻出　悲願を**ジョウジュ**する。　成就

□18 前社長の方針を**トウシュウ**する。　踏襲

□19 結婚**ヒロウ**宴を開く。　披露

□20 頻出　雨の日に出かけるのは**ワズラ**わしい。　煩

---

1 政治・経済

2 国際

3 社会・地理

4 歴史・文化

5 国語・文学・教養

6 英語

7 数学・理科

41

【第5章】国語・文学・教養

難読漢字①

一般企業
マスコミ

ココが
でる！

案山子、蚊帳など、日本の文化・風習にまつわる出題が多い！

イッキに POINT!

●これだけは覚えたい難読漢字は？　　重要

□曖昧	あいまい	□忌避	きひ
□斡旋	あっせん	□宮司	ぐうじ
□塩梅	あんばい	□境内	けいだい
□一縷	いちる	□稀有（希有）	けう
□畏怖	いふ	□解脱	げだつ
□所謂	いわゆる	□嫌悪	けんお
□慇懃	いんぎん	□更迭	こうてつ
□隠蔽	いんぺい	□妨げる	さまた
□迂闊	うかつ	□参内	さんだい
□胡散	うさん	□饒舌	じょうぜつ
□乳母	うば	□進捗	しんちょく
□薀蓄（蘊蓄）	うんちく	□出納	すいとう
□永劫	えいごう	□台詞	せりふ
□思惑	おもわく	□雪崩	なだれ
□邂逅	かいこう	□野点	のだて
□乖離	かいり	□反芻	はんすう
□案山子	かかし	□逼迫	ひっぱく
□瑕疵	かし	□礼賛	らいさん
□固唾	かたず	□辣腕	らつわん
□蚊帳	かや	□凌駕（陵駕）	りょうが

94

イッキに CHECK!

■次の漢字の読みを答えよ。

□1 頻出	委ねる	ゆだ	□21	弄ぶ	もてあそ
□2	償う	つぐな	□22 頻出	侮る	あなど
□3	凝らす	こ	□23	貪る	むさぼ
□4	担う	にな	□24 頻出	耽る	ふけ
□5 頻出	醸しだす	かも	□25	挫ける	くじ
□6	募る	つの	□26	疎まれる	うと
□7	阻む	はば	□27	倣う	なら
□8 頻出	和む	なご	□28	理がない	ことわり
□9	顧みない	かえり	□29 頻出	荒む	すさ
□10	鎮める	しず	□30	穿った	うが
□11	罵る	ののし	□31	象る	かたど
□12	欺く	あざむ	□32 頻出	労る	いたわ
□13	紡ぐ	つむ	□33	慮る	おもんぱか
□14	虐げる	しいた	□34	訝しい	いぶか
□15	煩わす	わずら	□35	時雨	しぐれ
□16 頻出	頑な	かたく	□36	山車	だし
□17	廃れる	すた	□37	辛辣	しんらつ
□18	繕う	つくろ	□38	収斂	しゅうれん
□19	塞ぐ	ふさ	□39	言質	げんち
□20	芳しい	かんば	□40 新傾向	拿捕	だほ

【第5章】国語・文学・教養
42 難読漢字②（分野別）

`一般企業` `マスコミ`

イッキに POINT!

ココがでる！

海豹（あざらし）など時事関連の難読漢字はマスコミの定番問題。

●鳥、昆虫、動物で覚える漢字は？ 【重要】

□家鴨	あひる	□蜻蛉	とんぼ・かげろう
□雉(雉子)	きじ	□雲雀	ひばり
□啄木鳥	きつつき	□蚯蚓	みみず
□蝙蝠	こうもり	□百足	むかで
□蟋蟀	こおろぎ	□土竜	もぐら
□十姉妹	じゅうしまつ	□百舌(鵙)	もず
□蜥蜴	とかげ	□栗鼠	りす

●海の生き物で覚える漢字は？ 【重要】

□海豹	あざらし	□雲丹	うに
□海驢	あしか	□海月(水母)	くらげ
□鮑	あわび	□秋刀魚	さんま
□烏賊	いか	□海象	せいうち
□海豚	いるか	□河豚	ふぐ

❶豹のように体に斑点があるから。

❷「驢」はロバのこと。あしかはロバに似てる？

「P118 COLUMN5 魚へんの漢字」参照

●植物で覚える漢字は？ 【重要】

□紫陽花	あじさい	□羊歯	しだ
□馬酔木	あしび・あせび	□西瓜	すいか
□無花果	いちじく	□蒲公英	たんぽぽ
□女郎花	おみなえし	□土筆	つくし
□南瓜	かぼちゃ	□向日葵	ひまわり
□秋桜	こすもす	□糸瓜	へちま
□山茶花	さざんか	□山葵	わさび
□百日紅	さるすべり	□木通	あけび

96

イッキに CHECK!

☑ 月 日

■次の漢字の読みを答えよ。

☑ 1 新傾向	海豹	あざらし	☑21	海月	くらげ	
☑ 2	海驢	あしか	☑22	雲雀	ひばり	
☑ 3 頻出	海豚	いるか	☑23	河豚	ふぐ	
☑ 4	海象	せいうち	☑24	紫陽花	あじさい	
☑ 5	土竜	もぐら	☑25	馬酔木	あしび あせび	
☑ 6	栗鼠	りす	☑26	無花果	いちじく	
☑ 7	蟋蟀	こおろぎ	☑27	女郎花	おみなえし	
☑ 8	蜥蜴	とかげ	☑28 頻出	南瓜	かぼちゃ	
☑ 9	蜻蛉	とんぼ	☑29	秋桜	こすもす	
☑10	蚯蚓	みみず	☑30 頻出	山茶花	さざんか	
☑11 頻出	百足	むかで	☑31	百日紅	さるすべり	
☑12	家鴨	あひる	☑32	羊歯	しだ	
☑13	雉子	きじ	☑33	西瓜	すいか	
☑14	啄木鳥	きつつき	☑34	欅	けやき	
☑15	蝙蝠	こうもり	☑35	蒲公英	たんぽぽ	
☑16	十姉妹	じゅうしまつ	☑36 頻出	土筆	つくし	
☑17 頻出	百舌	もず	☑37	向日葵	ひまわり	
☑18	鮑	あわび	☑38	糸瓜	へちま	
☑19	烏賊	いか	☑39	山葵	わさび	
☑20	雲丹	うに	☑40	木通	あけび	

43 同音・同訓異義語

【第5章】国語・文学・教養

一般企業 / マスコミ

ココがでる！

「異動」と「移動」、「清算」と「精算」など紛らわしい漢字に要注意。

●覚えておくべき同音異義語は？ 【重要】

□イギ	□社会的意義のある仕事。 □判定に異議を唱える。
□イコウ	□夕方以降は雨の予報だ。 □両親の意向に沿う。 □新体制に移行する。
□エイセイ	□人工衛星を打ち上げる。 □ストレスは精神衛生に悪い。 □スイスは永世中立国だ。
□カンキ	□窓を開けて換気する。 □合格に歓喜した。 □注意を喚起する。 □雨季と乾季がある。 □寒気がゆるみ春になる。
□キコウ	□雑誌に寄稿する。 □インドを旅して紀行を発表。 □経済協力開発機構の本部はパリ。 □気候がよく過ごしやすい。 □奇行が目立つ変わった人。 □世界一高いビルを起工した。 □客船が横浜に帰港する前に名古屋に寄港した。

●覚えておくべき同訓異義語は？ 【重要】

□アげる	□手を挙げる。 □国旗を揚げる。 □頭を上げる。
□ノボる	□山に登る。 □階段を上る。 □朝日が昇る。
□アラワす	□書物を著す。 □名は体を表す。 □正体を現す。

❶「掲げる」と混同しないこと。「国旗掲揚」

□カタい	□頭が固い。 □表情が硬い。 □口が堅い。
□ヤブる	□強敵に敗れた。 □障子を破った。
□ソナえる	□墓前に供える。 □老後に備える。
□コえる	□権限を越える。 □予想を超える。
□オサめる	□成果を収める。 □暴動を治める。

イッキに CHECK!

√ 月 日

■カタカナを適切な漢字に直せ。　　■解答

□ 1
頻出
交通費を**セイサン**する。
セイサンな事件が発生した。
過去を**セイサン**する。

精算
凄惨
清算

□ 2
絵画を**カンショウ**する。
カンショウ植物を育てる。

鑑賞
観賞

□ 3
今年は**イジョウ**気象だ。
体の**イジョウ**で学校を休む。

異常
異状

□ 4
権限を自治体に**イジョウ**する。
土地を**イジョウ**する。

委譲
移譲

□ 5
頻出
人事**イドウ**で転属になった。
電車で**イドウ**する。

異動
移動

□ 6
アツいお茶を飲む。
アツい季節。

熱
暑

□ 7
便宜を**ハカ**る。
容積を**ハカ**る。
距離を**ハカ**る。

図
量
測

□ 8
暗殺を**ハカ**る。
審議会に**ハカ**る。

謀
諮

□ 9
頻出
会社に**ツト**める。
仲人を**ツト**める。
ツトめて平静を装う。

勤
務
努

□ 10
危険を**オカ**す。
罪を**オカ**す。
領土を**オカ**す。

冒
犯
侵

□ 11
新傾向
発電機を**ナイゾウ**する。
ナイゾウの病気。

内蔵
内臓

□ 12
国を**オサ**める。
成功を**オサ**める。

治
収

1 政治・経済

2 国際

3 社会・地理

4 歴史・文化

5 国語・文学・教養

6 英語

7 数学・理科

44 四字熟語

【第5章】国語・文学・教養

一般企業 / マスコミ

ココがでる！「数字」「動物」など、同類の四字熟語をまとめて覚えよう。

イッキにPOINT!

●数字を使った四字熟語は？ 重要

□一言居士	いちげんこじ	▶ 何か一言いわずにはいられない人。
□三位一体	さんみいったい	▶ 三者が心を合わせること。
□朝三暮四	ちょうさんぼし	▶ うまい言葉で人をだますこと。
□千載一遇	せんざいいちぐう	▶ またとない絶好の機会。
□千変万化	せんぺんばんか	▶ さまざまに変化すること。
□一日千秋	いちじつせんしゅう	▶ 一日が千年に感じられる。待ち遠しいこと。
□一騎当千	いっきとうせん	▶ 一人で多くの敵に対抗できるほど強いこと。
□森羅万象	しんらばんしょう	▶ 宇宙に存在するものすべて。

●動物を使った四字熟語は？ 重要

□羊頭狗肉	ようとうくにく	▶ 見かけは立派でも実質が伴っていないこと。
□馬耳東風	ばじとうふう	▶ 人の言うことを心にとめず聞き流すこと。
□竜頭蛇尾	りゅうとうだび	▶ 初めはよいが、次第に尻すぼみになること。
□虎視眈々	こしたんたん	▶ 虎が獲物を狙うように、じっと機会を窺うこと。
□汗牛充棟	かんぎゅうじゅうとう	▶ 蔵書が非常に多いことのたとえ。
□落花狼藉	らっかろうぜき	▶ 物が散り乱れているさま。女性に乱暴すること。

●マスコミレベルの四字熟語は？ 重要

□有職故実	ゆうそくこじつ	▶ 朝廷や武家の法令や儀式・風俗のこと。
□換骨奪胎	かんこつだったい	▶ 昔の詩などを参考にしながら、独自の作品を作り上げること。
□揣摩憶(臆)測	しまおくそく	▶ 根拠もなく勝手に推測すること。
□一視同仁	いっしどうじん	▶ すべての人を分け隔てなく愛すること。
□怨憎会苦	おんぞうえく	▶ 怨み憎む人に会う苦しみ。
□皮裏陽秋	ひりようしゅう	▶ 心の中で是非善悪を判断し、それを表面に表さないこと。

100

イッキに CHECK!

月　日

■□に漢字を入れて四字熟語を完成させよ。

1 頻出
□面六臂
あらゆる方面で
めざましい活躍
をすること。
八
はちめんろっぴ

2
孟母□遷
孟子の母は三回
引越し。教育に
は環境が大事。
三
もうぼさんせん

3
□鬼夜行
得体の知れない
人が多いこと。
百
ひゃっきやこう
（ひゃっきやぎょう）

4 頻出
□頭狗肉
見かけは立派で
も実質が伴って
いないこと。
羊
ようとうくにく

5
付和□同
他人の意見にす
ぐ同調すること。
雷
ふわらいどう

6
泰□自若
ものごとに動じな
いさま。
然
たいぜんじじゃく

7
気宇□大
心構えが大きく
立派なさま。
壮
きうそうだい

8
竜頭□尾
初めはよいが、次
第に尻すぼみに
なること。
蛇
りゅうとうだび

9
□視眈々
虎のように、すき
を狙いじっと機
会を窺うこと。
虎
こしたんたん

10 頻出
当意□妙
機転が利いてい
ること。
即
とういそくみょう

11
偕□同穴
夫婦が愛情深く
固く結ばれてい
ること。
老
かいろうどうけつ

12
合□連衡
利害に応じて、団
結したり離れたり
すること。
従
がっしょうれん
こう

13 頻出
□郎自大
自分の力量を知
らずに仲間内で
威張っている者。
夜
やろうじだい

14
□坤一擲
運命をかけて大
きな勝負をするこ
と。
乾
けんこんいってき

15
曲学□世
世間の人に気に
入られるような説
を唱えること。
阿
きょくがくあせい

16
泰山□斗
第一人者。
北
たいざんほくと

17
堅□不抜
困難や誘惑にも
心を動かさず、が
まんすること。
忍
けんにんふばつ

18 頻出
博□強記
広く書物を読み、
豊富な知識があ
ること。
覧
はくらんきょうき

19 新傾向
意□心猿
動物のように心に
落ち着きがない
さま。
馬
いばしんえん

20
□倶戴天
どうしても許せな
いほど憎むこと。
不
ふぐたいてん

21
捲土重□
一度敗退した者
が勢力を盛り返
して攻めること。
来
けんどちょうらい
（けんどじゅうらい）

22 新傾向
□下氷人
仲人のこと。
月
げっかひょうじん

23 頻出
明□止水
心が澄みきった
ようす。
鏡
めいきょうしすい

24
揣□憶測
あてずっぽなこ
と。
摩
しまおくそく

1 政治・経済

2 国際

3 社会・地理

4 歴史・文化

5 国語・文学・教養

6 英語

7 数学・理科

101

【第5章】国語・文学・教養

45 ことわざ・慣用句

一般企業
マスコミ

ココが
でる！

「猿も木から落ちる」と「河童の川流れ」など同じ意味のものを覚えよう。

イッキに POINT!

●動物が出てくることわざ・慣用句は？　重要

□豚に真珠	貴重な物も価値の分からない者には無意味。 同意句 ▶「猫に小判」。
□羊頭を掲げて狗肉を売る	見かけをごまかす。 同意句 ▶「牛首を懸けて馬肉を売る」『看板に偽りあり』。
□鵜の目鷹の目	鵜や鷹のように、鋭い目つきで物を探し出すこと。
□前門の虎、後門の狼	一つの災難から逃れたと思ったら、別の災難に遭うこと。
□牛にひかれて善光寺参り	思ってもいない誘いによって、良いほうに導かれること。
□人間万事塞翁が馬	人生の幸福や不幸は予測できない。
□馬脚を露す	隠していた本性や悪事が明らかになる。

●似た意味のことわざ・慣用句は？　重要

□弘法も筆の誤り □猿も木から落ちる □河童の川流れ	専門家でも思わぬ失敗をすることがある。
□糠に釘 □のれんに腕押し	少しも手応えがなく、拍子抜けである。
□老いの木登り □年寄りの冷や水	無理をして、しくじる。
□紺屋の白袴 □医者の不養生	立派なことを言いながら、行動が伴っていない。
□他山の石 □人のふり見て我がふり直せ	他人のつまらない言動でも、自分を高めることに役立つ。
□李下に冠を正さず □君子危うきに近寄らず	人から疑いをかけられるような行動は避けるべき。
□二階から目薬 □隔靴掻痒	思うようにならず、もどかしいこと。

❶他人のいいところをお手本にするという意味ではない！

●その他の重要なことわざ・慣用句は？　重要

□弘法筆を選ばず	物事を極めた人は道具にこだわらない。
□濡れ手で粟	骨を折らずに利益を手にすること。
□袖すり合うも他生の縁	ささいなことでも前世からの因縁による。
□青は藍より出でて藍より青し	弟子が先生より優れていること。

❶「濡れ手で泡」と書かないように！

❶「多少の縁」と書かないように！

102

イッキに CHECK!

／　月　日

■□に漢字を入れて、ことわざ・慣用句を完成させよ。

■解答・解説

□ **1** 青菜に□
頻出　（元気がないさま）

塩

□ **2** □□の不養生
（立派なことを言いながら、行動が伴っていない）

医者

□ **3** □□あれば水心
（こちらの好意は相手の好意次第である）

魚心

□ **4** えびで□を釣る
（少しの元手で大きな利益をあげる）

鯛

□ **5** □□の川流れ
頻出　（その道の専門家も思わぬ失敗をすることがある）

河童

□ **6** □□は寝て待て
（人事を尽くして、あとは運にまかせる）

果報

□ **7** □□多くして船山に登る
（指揮をとる者が多いと、混乱する）

船頭

□ **8** □□の火事
（他人事で、こちらは少しの苦痛もない）

対岸

□ **9** 二階から□□
頻出　（まわり遠くて効果がなく、もどかしい）

目薬

□ **10** 猫に□□
（貴重な物も、価値の分からない者には無意味）

小判

□ **11** □□を掲げて狗肉を売る
（見かけをごまかすこと）

羊頭

□ **12** のれんに□押し
（少しも手応えがなく、ひょうし抜けである）

腕

□ **13** 年寄りの冷や□
頻出　（無理をしてしくじること）

水

□ **14** ひょうたんから□
（意外なところから、意外なものが出てくる）

駒

□ **15** □□にも衣装
（貧相な者でも、身なりを整えれば立派に見える）

馬子

□ **16** □に短したすきに長し
（中途半端で役に立たない）

帯

□ **17** 肉を斬らせて□を斬る
（犠牲を払って敵に勝つ）

骨

□ **18** □の滝登り
（立身出世するさま）

鯉

□ **19** □□の白袴
（行動が伴っていないこと）

紺屋
よみ こうや

□ **20** 濡れ手で□
（骨を折らずに利益を手にする）

粟

103

1
政治・経済

2
国際

3
社会・地理

4
歴史・文化

5
国語・文学・教養

6
英語

7
数学・理科

【第5章】国語・文学・教養

46 誤文訂正

一般企業
マスコミ

ココが
でる!

「逆鱗に触れる」「足をすくわれる」など、間違って覚えていると試験で大変!

イッキに POINT!

●次の文は、どこが間違っている? 重要

☐ 「二目と見られない」は、珍しいものを見たときに使う表現。
▶×珍しい→目を覆いたくなるような惨状のときに使う。

☐ 「三顧の礼」は、目上の優れた人物を招くために何度も訪ねること。
▶×目上→目下。帝(劉備)が優れた軍師(諸葛亮)を迎え入れるために礼を尽くしたことが語源。

☐ 「慇懃」とは無礼な様をいう。
▶×無礼→丁寧。「慇懃無礼」は、うわべは丁寧だが、実は尊大な態度のこと。

☐ すぐに時間が経ってしまうことを「人生矢のごとし」という。
▶×人生→光陰。

☐ 「肩をそびやかす」は、恐縮した様子をいう。
▶×恐縮した→威張った。

☐ 「情けは人のためならず」は、他人に情けをかけることは、甘やかすことになるので良くない、という意味。
▶「他人に情けをかければ、巡って自分に良い報いが来る」が正しい。

☐ 「流れに棹さす」とは、流れに逆らうこと。
▶×逆らう→乗る。棹は、川底を突いて舟を進める棒。棹をさして流れに乗り、舟を進める。

☐ 「けんもほろろに断られた」の「けんもほろろ」とは、剣の刃が欠けた様子のこと。
▶「剣の刃」→「雉の鳴き声」が正しい。

☐ 「あらずもがな」は、「あるはずがない」という意味。
▶×あるはずがない→ないほうがよい。

☐ 退き際の潔いことを「飛ぶ鳥跡を濁さず」という。
▶×飛ぶ→立つ。

☐ 目上の人の怒りを買うことを「激鱗に触れる」という。
▶×激鱗→逆鱗。竜のアゴの下に逆さまについているウロコのこと。

☐ 「一姫二太郎」は女の子一人、男の子二人のこと。
▶一人目は女の子、二人目は男の子が育てやすいという意味。

☐ つっけんどんで相手を顧みる態度が見られないことを「取り付く暇もない」という。
▶×暇→島。

☐ 卑劣なやり方で失敗させられることを「足下をすくわれる」という
▶×足下→足。

☐ 「檄を飛ばす」とは、刺激を与えて活気付けること。
▶正しくは「自分の主張や考えを広く人々に知らせて同意を求める」という意味。

104

イッキに CHECK!

□ 月 日

■( )内の意味になるように、下線部分を正しく直せ。

■解答・解説

□1 一つ返事で引き受ける
（ためらわずに了承する）

二つ

□2 二の舞を踏む
（尻込みする）

足
関 二の舞を演じる…同じ失敗を繰り返す。

□3 四つ巴の戦い
（勢力が均衡して動きがとれない）

三つ

□4 **頻出** 的を突いた表現
（的確に要点をとらえる）

射た
注 的を突いたは間違い
関 当を得る…道理にかなっていること。

□5 飼い犬に足を噛まれる
（信頼していた人に裏切られる）

手

□6 **頻出** 掻き入れ時
（商売が忙しいとき）

書き
注 帳簿に多くの記入が必要な状態。

□7 **頻出** 小耳に入れる
（偶然に聞く）

はさむ

□8 **頻出** 絶対絶命
（差し迫った状況）

絶体絶命

□9 色目遣いで顔色を窺う
（様子を窺って相手を欺く）

上目
関 色目を使う…色気を使って相手の気持ちを動かすこと。

□10 愛想を振りまく
（周囲に明るくにこやかな態度をとる）

愛嬌（愛敬）
関 愛想（あいそ）がよい…人に好感を持たれる態度や表情であること。

□11 **頻出** 怒り心頭に達する
（激しく怒る）

発する
心頭とは「心の中」のこと。

□12 肝に据えかねる
（我慢の限界を超えた怒り）

腹
関 肝が据わっていない…度胸がないさま。

1 政治・経済
2 国際
3 社会・地理
4 歴史・文化
5 国語・文学・教養
6 英語
7 数学・理科

105

【第5章】国語・文学・教養
47 敬語

一般企業 / マスコミ

ココがでる！
採用試験はもちろん、敬語はビジネスのさまざまな場面で必要！

イッキに POINT!

●敬語の種類と違いは？

- □**尊敬語**：相手の動作を敬って表現し、直接相手を高める。
- □**謙譲語**：自分の動作をへりくだって表現し、間接的に相手を高める。
- □**丁寧語**：敬意を表して丁寧に言う。自分にも相手にも使う。

●尊敬語と謙譲語の表現例って？　**重要**

	尊敬語（代表例）	謙譲語（代表例）
□行く	いらっしゃる お出かけになる	伺う、参上する 参る
□いる	いらっしゃる おられる	おる
□借りる	お借りになる	拝借する、お借りする
□着る	お召しになる	着させていただく
□来る	いらっしゃる	参る
□知っている	ご存じ	存じる、存じ上げる
□する／行う	なさる される	いたす させていただく
□尋ねる	お尋ねになる	伺う、お尋ねする
□見る	ご覧になる	拝見する
□見せる	お見せになる	お目にかける お見せする
□読む	読まれる	拝読する
□食べる／飲む	お召しになる あがる、召し上がる	いただく、頂戴する
□思う	思われる お思いになる	存じ上げる 存じる
□聞く	お聞きになる	承る、拝聴する、伺う

月　日

イッキに CHECK!

■【　】にあてはまる言葉を答えよ。

■解答

□ 1	話し手が聞き手や話題の主、またはその動作・状態などを高めて表すのは【　】語。	尊敬
□ 2	話し手が自分または自分の側にあるものに関して、へりくだって表すのは【　】語。	謙譲
□ 3	話し手が、聞き手に対して敬意を示して丁寧に表すのは【　】語。	丁寧
□ 4	「会う」の尊敬語は【　】。	お会いになる/会われる
□ 5	「会う」の謙譲語は【　】。	お目にかかる/お会いする
□ 6	「言う」の尊敬語は【　】。	おっしゃる/言われる
□ 7	「言う」の謙譲語は【　】。	申し上げる/申す
□ 8	「思う」の尊敬語は【　】。	思われる/お思いになる
□ 9	「思う」の謙譲語は【　】。	存じ上げる/存じる
□10	「聞く」の尊敬語は【　】。	お聞きになる
□11 頻出	「聞く」の謙譲語は【　】。	承る/拝聴する/伺う
□12	「着る」の尊敬語は【　】。	お召しになる
□13 頻出	「食べる・飲む」の尊敬語は【　】。	お召しになる/あがる/召し上がる
□14 頻出	「食べる・飲む」の謙譲語は【　】。	いただく/頂戴する
□15 頻出	「見る」の尊敬語は【　】。	ご覧になる
□16 頻出	「見る」の謙譲語は【　】。	拝見する
□17	「知る」の尊敬語は【　】。	ご存じでいらっしゃる
□18	「知る」の謙譲語は【　】。	存じる/存じ上げる
□19	「与える」の尊敬語は【　】。	くださる/お与えになる
□20	「与える」の謙譲語は【　】。	差し上げる/上げる

1 政治・経済

2 国際

3 社会・地理

4 歴史・文化

5 国語・文学・教養

6 英語

7 数学・理科

107

48

【第5章】国語・文学・教養
日本文学

一般企業
マスコミ

イッキに POINT!

●主な日本文学は？ 重要

ココが
でる！

時代を追って覚えることで、日本文学の流れを理解しましょう。

作品名	作者(編者・撰者)	作品名	作者(編者・撰者)
＜大和・奈良・平安時代＞		**＜明治以降＞**	
□古事記	太安万侶(編)	□小説神髄	坪内逍遙
□日本書紀	舎人親王ら(編)	□浮雲	二葉亭四迷
□万葉集	大伴家持ら(編)	□金色夜叉	尾崎紅葉
□古今和歌集	紀貫之ら(撰)	□不如帰	徳富蘆花
□伊勢物語	(作者不詳)	□みだれ髪	与謝野晶子
＜鎌倉・室町時代＞		□蒲団	田山花袋
□方丈記	鴨長明	□一握の砂	石川啄木
□平家物語	(作者不詳)	□智恵子抄	高村光太郎
□徒然草	吉田兼好	□赤光	斎藤茂吉
□新古今和歌集	藤原定家など(撰)	□月に吠える	萩原朔太郎
□十六夜日記	阿仏尼	□或る女	有島武郎
□風姿花伝	世阿弥	□父帰る	菊池寛
□山家集	西行	□暗夜行路	志賀直哉
＜江戸時代＞		□檸檬	梶井基次郎
□日本永代蔵	井原西鶴	□蟹工船	小林多喜二
□曾根崎心中	近松門左衛門	□細雪	谷崎潤一郎
□雨月物語	上田秋成	□山椒魚	井伏鱒二
□古事記伝	本居宣長	□太陽の季節	石原慎太郎
□東海道中膝栗毛	十返舎一九	□点と線	松本清張
□南総里見八犬伝	滝沢馬琴	□死者の奢り	大江健三郎
□おらが春	小林一茶	□失楽園	渡辺淳一
□東海道四谷怪談	鶴屋南北	□サラダ記念日	俵万智
□五輪書	宮本武蔵	□鉄道員	浅田次郎
□解体新書	杉田玄白(前野良沢)	□白い巨塔	山崎豊子

イッキに CHECK!

☐ 月 日

■次の文学作品の著者名を答えよ。

☐ **1** 頻出
「羅生門」「藪の中」「蜘蛛の糸」

☐ **2** 頻出
「伊豆の踊子」「雪国」

☐ **3**
「夜明け前」「破戒」「新生」

☐ **4**
「枕草子」

☐ **5** 新傾向
「走れメロス」「人間失格」「斜陽」

☐ **6** 頻出
「三四郎」「虞美人草」「坊っちゃん」「我が輩は猫である」

☐ **7** 新傾向
「にごりえ」「たけくらべ」「十三夜」

☐ **8**
「奥の細道」「更科紀行」「嵯峨日記」

☐ **9**
「金閣寺」「潮騒」「仮面の告白」

☐ **10** 新傾向
「ノルウェイの森」「海辺のカフカ」「1Q84」

☐ **11**
「源氏物語」

☐ **12**
「舞姫」「阿部一族」「高瀬舟」

☐ **13** 頻出
「蜻蛉日記」

☐ **14** 頻出
「白い巨塔」「不毛地帯」「沈まぬ太陽」「約束の海」

☐ **15** 頻出
「土佐日記」

☐ **16** 新傾向
「秘密」「容疑者Xの献身」

☐ **17** 新傾向
「理由」「模倣犯」

☐ **18** 新傾向
「失楽園」「愛の流刑地」

☐ **19** 新傾向
「チーム・バチスタの栄光」「ジーン・ワルツ」

☐ **20** 新傾向
「点と線」「砂の器」

■解答・解説

芥川龍之介
入日よみ あくたがわりゅうのすけ。1892年生～1927年没。

川端康成
入日よみ かわばたやすなり。1899年生～1972年没。

島崎藤村
入日よみ しまざきとうそん。1872年生～1943年没。

清少納言
入日よみ せいしょうなごん。966年頃生～1025年頃没。

太宰治
入日よみ だざいおさむ。1909年生～48年没。

夏目漱石
入日よみ なつめそうせき。1867年生～1916年没。

樋口一葉
入日よみ ひぐちいちよう。1872年生～96年没。

松尾芭蕉
入日よみ まつおばしょう。1644年生～94年没。

三島由紀夫
入日よみ みしまゆきお。1925年生～70年没。

村上春樹
入日よみ むらかみはるき。1949年生～。

紫式部
入日よみ むらさきしきぶ。生没年未詳。

森鷗外
入日よみ もりおうがい。1862年生～1922年没。

右大将道綱母
入日よみ うだいしょうみちつなのはは。?～995年没。

山崎豊子
入日よみ やまさきとよこ。1924年生～2013年没。

紀貫之
入日よみ きのつらゆき。868年頃生～945年没。

東野圭吾
入日よみ ひがしのけいご。1958年生～。

宮部みゆき
入日よみ みやべみゆき。1960年生～。

渡辺淳一
入日よみ わたなべじゅんいち。1933年生～2014年没。

海堂尊
入日よみ かいどうたける。1961年生～。

松本清張
入日よみ まつもとせいちょう。1909年生～92年没。

---

1 政治・経済

2 国際

3 社会・地理

4 歴史・文化

5 国語・文学・教養

6 英語

7 数学・理科

49 【第5章】国語・文学・教養
世界文学

一般企業 / マスコミ

イッキに POINT!

ココがでる！

古典から近現代まで、外国文学の名作を国別に整理して覚えよう。

●主な外国文学は？ 【重要】

作品名	作者
＜米国＞	
□若草物語	オルコット
□エデンの東	スタインベック
□大地	パール・バック
□武器よさらば	ヘミングウェイ
□老人と海	
□モルグ街の殺人	ポー
□風と共に去りぬ	マーガレット・ミッチェル
□トム・ソーヤの冒険	マーク・トウェイン
＜英国＞	
□ベニスの商人	シェークスピア
□ロミオとジュリエット	
□マクベス	
□ハムレット	
□リア王	
□夏の夜の夢	
□オセロ	
□宝島	スティーブンソン
□ジキル博士とハイド氏	
□クリスマス・キャロル	ディケンズ
□ロビンソン・クルーソー	デフォー
□シャーロック・ホームズの冒険	コナン・ドイル
□失楽園	ミルトン
□月と六ペンス	モーム
□サロメ	オスカー・ワイルド
＜イタリア＞	
□新生	ダンテ
□デカメロン	ボッカチオ
□東方見聞録	マルコ・ポーロ
＜スペイン＞	
□ドン・キホーテ	セルバンテス

作品名	作者
＜ギリシャ＞	
□オイディプス王	ソフォクレス
□ソクラテスの弁明	プラトン
□イーリアス	ホメロス
＜チェコ＞	
□変身	カフカ
＜中国＞	
□史記	司馬遷(撰)
□狂人日記	魯迅
□赤い高粱	莫言
＜デンマーク＞	
□アンデルセン童話	アンデルセン
＜ドイツ＞	
□グリム童話	グリム兄弟
□ファウスト	ゲーテ
□ウィルヘルム・テル	シラー
□車輪の下	ヘルマン・ヘッセ
＜フランス＞	
□異邦人	カミュ
□悲しみよこんにちは	サガン
□自由への道	サルトル
□星の王子さま	サン・テグジュペリ
□赤と黒	スタンダール
□昆虫記	ファーブル
□女の一生	モーパッサン
□レ・ミゼラブル	ユーゴー
＜ロシア＞	
□どん底	ゴーリキー
□三人姉妹	チェーホフ
□戦争と平和	トルストイ
□罪と罰	ドストエフスキー

イッキに CHECK!

☑ 月 日

■次の文学作品の著者名を答えよ。

☑ **1** 「イーリアス」「オデュッセイア」

☑ **2** 新傾向 「オイディプス王」

☑ **3** 頻出 「神曲」

☑ **4** 頻出 「ハムレット」「マクベス」「オセロ」「じゃじゃ馬ならし」

☑ **5** 「ガリバー旅行記」

☑ **6** 新傾向 「失楽園」

☑ **7** 「赤と黒」「パルムの僧院」「恋愛論」

☑ **8** 「ファウスト」「若きウェルテルの悩み」

☑ **9** 「レ・ミゼラブル」

☑ **10** 頻出 「戦争と平和」「アンナ゠カレーニナ」

☑ **11** 頻出 「罪と罰」「カラマーゾフの兄弟」

☑ **12** 「女の一生」「脂肪の塊」

☑ **13** 「桜の園」「かもめ」

☑ **14** 「阿Q正伝」「狂人日記」

☑ **15** 頻出 「老人と海」「武器よさらば」「誰がために鐘は鳴る」

☑ **16** 「異邦人」「ペスト」

☑ **17** 「変身」「審判」「城」

☑ **18** 「車輪の下」「郷愁」

☑ **19** 新傾向 「ハリー・ポッター」

☑ **20** 新傾向 「指輪物語」

■解答・解説

ホメロス
人 ギリシャ 紀元前8世紀後半頃。

ソフォクレス
人 ギリシャ 紀元前496年頃生～紀元前406年没。

ダンテ
人 伊 1265年生～ 1321年没。

シェークスピア
人 英 1564年生～ 1616年没。

スウィフト
人 英 1667年生～ 1745年没。

ミルトン
人 英 1608年生～ 74年没。

スタンダール
人 仏 1783年生～ 1842年没。

ゲーテ
人 独 1749年生～ 1832年没。

ユーゴー
人 仏 1802年生～ 85年没。

トルストイ
人 露 1828年生～ 1910年没。

ドストエフスキー
人 露 1821年生～ 81年没。

モーパッサン
人 仏 1850年生～ 93年没。

チェーホフ
人 露 1860年生～ 1904年没。

魯迅
人 中 よみ ろじん。 1881年生～ 1936年没。

ヘミングウェイ
人 米 1899年生～ 1961年没。

カミュ
人 仏 1913年生～ 60年没。

カフカ
人 チェコ 1883年生～ 1924年没。

ヘッセ
人 独 1877年生～ 1962年没。

J・K・ローリング
人 英 1965年生～ 。

J・R・R・トールキン
人 英 1892年生～ 1973年没。

---

1 政治・経済
2 国際
3 社会・地理
4 歴史・文化
5 国語・文学・教養
6 英語
7 数学・理科

111

【第5章】国語・文学・教養

50 名数

一般企業
マスコミ

ココが
でる！

名数はマスコミでは超頻出！ スポーツなど幅広く覚えよう。

イッキに POINT!

● 覚えておきたい名数は？ 　**重要**

◎三のつく名数

□プロ野球の投手三冠	最多勝利、最優秀防御率、最多奪三振
□競馬のクラシック三冠	皐月賞、日本ダービー、菊花賞
□競馬の牝馬三冠	桜花賞、オークス、秋華賞
□日本三霊山（三名山）	富士山、立山、白山
□日本三大河川	信濃川、利根川、石狩川
□日本三大急流	最上川、富士川、球磨川
□日本三大瀑布（三名瀑）	那智の滝、華厳の滝、袋田の滝
□三大歌集	万葉集、古今和歌集、新古今和歌集
□三筆	嵯峨天皇、橘逸勢、空海
□三蹟	小野道風、藤原佐理、藤原行成
□世界三大珍味	フォアグラ、キャビア、トリュフ
□世界三大料理	中華料理、フランス料理、トルコ料理
□デジタル家電の「新三種の神器」	DVD/HDDレコーダー、薄型テレビ、デジタルカメラ
□日本三大珍味	からすみ、このわた、うに

◎四のつく名数

□テニス四大大会	全豪オープン、全仏オープン、全英オープン、全米オープン
□男子ゴルフ四大大会	マスターズトーナメント、全米オープン、全英オープン、全米プロ選手権

◎五以上の名数

□五街道	東海道、中山道、日光街道、奥州街道、甲州街道
□六歌仙	僧正遍昭、在原業平、文屋康秀、喜撰法師、小野小町、大友黒主
□七福神	大黒天、恵比須、毘沙門天、弁財天、福禄寿、寿老人、布袋
□十二支	子、丑、寅、卯、辰、巳、午、未、申、酉、戌、亥

112

	月　日

イッキに CHECK!

■【　】にあてはまる言葉を答えよ。

■解答・解説

☑ **1** 頻出
相撲の三役とは、大関、関脇、【　】である。

小結
横綱は含まれない。

☑ **2**
大相撲の三賞とは、殊勲賞、敢闘賞、【　】賞。

技能

☑ **3**
野球の打者における三冠王とは、首位打者、本塁打王、【　】王である。

打点
盗塁王は間違い。投手の場合、①勝率、②勝利数、③防御率。

☑ **4** 頻出
非核三原則とは、核兵器を持たず、作らず、【　】である。

持ち込ませず
「持ち込まない」ではない。

☑ **5** 頻出
江戸時代の三大改革とは、【　】の改革、寛政の改革、天保の改革である。

享保
①享保…徳川吉宗、②寛政…松平定信、③天保…水野忠邦。

☑ **6** 頻出
ルネッサンスの三大発明とは、火薬、活版印刷術、【　】である。

羅針盤
ルネッサンスとは14世紀～16世紀末のヨーロッパの文化革新。再生という意味である。

☑ **7** 新傾向
光における三原色とは、赤、【　】、青である。

緑
RGBという表記が映像機器の端子などに見受けられる。

☑ **8** 新傾向
絵の具における三原色とは、シアン、マゼンタ、【　】である。

イエロー
①シアン…青緑、②マゼンタ…赤紫、③イエロー…黄色のこと。光の三原色とは異なる。

☑ **9**
日本三景とは、天橋立、松島、【　】である。

宮島（厳島）
①天橋立…京都府、②松島…宮城県、③宮島（厳島）…広島県。

☑ **10**
日本三名園とは兼六園、後楽園、【　】である。

偕楽園
①兼六園…石川県、②後楽園…岡山県、③偕楽園…茨城県。

☑ **11**
六法とは、憲法、刑法、民法、刑事訴訟法、民事訴訟法、【　】。

商法

☑ **12**
春の七草とは、セリ、ナズナ、ゴギョウ、ハコベラ（ハコベ）、ホトケノザ、スズナ、【　】。

スズシロ
大根のこと。漢字で書くと、①芹、②薺、③御形、④繁縷（蘩蔞）、⑤仏座、⑥菘、⑦蘿蔔（清白）。

113

1 政治・経済

2 国際

3 社会・地理

4 歴史・文化

5 国語・文学・教養

6 英語

7 数学・理科

51 【第5章】国語・文学・教養
しきたり・マナー

一般企業 / マスコミ

ココがでる！

社会人になってからも必須！席順や手紙の基本的な約束事は覚えよう。

イッキにPOINT!

●席順は？ 〔重要〕

＜応接室＞
□高い順にE＞D＞C＞B＞A。入り口から一番遠い席Eが上席。

＜自動車＞
（お客様、部長、先輩、自分がタクシーに乗る場合）
□高い順にB＞D＞C＞A。Bにお客様、Dに部長が座り、自分はAに。ただし、Cは座りづらいので、先輩に申し出て自分自身がCの席に座ることが多い。部長、先輩、自分の3人が、部長運転の車に乗る場合は、Aが上席。自分はDに座る。

●冠婚葬祭でのマナーは？ 〔重要〕

□告別式の香典は
　□仏教「御香典」「御香料」「御霊前」。
　□神式「御玉串料」「御榊料」。
　□キリスト教「御花料」「御ミサ料」。
　□宗教が分からない場合「御霊前」。

●手紙の基本的なきまりは？ 〔重要〕

□【頭語と結語】

　〈頭語〉　　　　　　　　　〈結語〉
　□拝啓・拝呈・啓白　→　□敬具・拝具・敬白
　□前略・冠省・略啓　→　□草々・早々・不一

□【ビジネス文書での敬称】
　□官公庁・企業・団体→「御中」。
　□同じ文章を多数に宛てる場合→「各位」。
　□役職→「殿」。
　□個人名・役職のついた個人名→「様」。

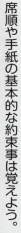

114

イッキに CHECK!

☑ 月 日

■【　】にあてはまる言葉を答えよ。

■解答

☑ 1 **頻出**
P114の応接室のイラストA ～ Eで、来客を通す場合は【　】に通すのがよい。

E

☑ 2 **頻出**
P114の自動車のイラストA ～ Dで、お客様、上司、先輩、自分のうち自分が座る席は【　】。

A（または先輩の意向でC）

☑ 3 **頻出**
告別式の香典の表書きには、相手の宗教が分からない場合は、「御【　】」と書く。

霊前

☑ 4
告別式の香典の表書きに「御香料」と書くのは相手の宗教が【　】の場合。

仏教

☑ 5
告別式の香典の表書きに「御玉串料」と書くのは相手の宗教が【　】の場合。

神式

☑ 6
告別式の香典の表書きに「御花料」と書くのは相手の宗教が【　】の場合。

キリスト教

☑ 7 **頻出**
手紙の「拝啓」に対する結語で不適切なのは、敬具、敬白、早々、拝具のうち【　】。

早々

☑ 8 **頻出**
手紙の「前略」に対する結語で不適切なのは、敬具、草々、早々、不一のうち【　】。

敬具

☑ 9
名刺は、【　】手で渡し、【　】手で受け取る。

右、左

☑10
コートやレインコートは、客先の【　】の前で脱ぐ。

建物

115

52 【第5章】国語・文学・教養
賀寿・旧暦

一般企業 / マスコミ

ココがでる！
賀寿は、その成り立ちを理解すると覚えやすい！

イッキに POINT!

●賀寿は何歳のこと？ 【重要】

- □ **61歳〔還暦〕**／本掛還りといって、十干十二支がひと回りして、生まれた年の干支に戻ることからつけられた。数え年で61歳、満60歳のお祝い。
- □ **70歳〔古稀〕**／中国の杜甫の詩、「人生七十、古来稀なり」にちなむ。
- □ **77歳〔喜寿〕**／「喜」の草書体が「七十七」と読めることから。
- □ **80歳〔傘寿〕**／「傘」の略字体が「八十」と読めることから。
- □ **88歳〔米寿〕**／「米」という字を分解すると「八十八」と読めることから呼ばれる。
- □ **90歳〔卒寿〕**／「卒」の略字体の「卆」が「九十」と読めることから。
- □ **99歳〔白寿〕**／「百」から「一」を引くと「白」になるため。
- □ **100歳〔百寿〕**／「ももじゅ」と読む。ちょうど1世紀(100年)を生きたことになり、「紀寿」ともいう。

●論語での年代の説明は？ 【重要】

- □ **論語**／孔子とその高弟の言行を孔子の死後に、弟子たちがまとめたもの。
- □ **15歳〔志学〕**／学問で身を立てようと決心。
- □ **30歳〔而立〕**／学問などの基礎がきっちりとし、独り立ちできるようになる。
- □ **40歳〔不惑〕**／狭い見方にとらわれることなく、心の迷いがなくなる。
- □ **50歳〔知命〕**／天が自分に与えた使命を自覚。
- □ **60歳〔耳順〕**／何を聞いても素直に受け入れるようになる。
- □ **70歳〔従心〕**／自分がしたいと思う言動をしても、人の道を踏み外すことがなくなる。

●旧暦で何という？ 【重要】

1月	睦月(むつき)	5月	皐月(さつき)	9月	長月(ながつき)
2月	如月(きさらぎ)	6月	水無月(みなづき)	10月	神無月(かんなづき)
3月	弥生(やよい)	7月	文月(ふみづき)	11月	霜月(しもつき)
4月	卯月(うづき)	8月	葉月(はづき)	12月	師走(しわす)

イッキに CHECK!

☑ 月 日

■【 】にあてはまる言葉を答えよ。

■解答・解説

☑ **1** 賀寿で61歳は【 　　　】。
頻出

還暦
よみ かんれき。

☑ **2** 賀寿で70歳は【 　　　】。
頻出

古希(古稀)
よみ こき。

☑ **3** 賀寿で77歳は【 　　　】。
頻出

喜寿
よみ きじゅ。

☑ **4** 賀寿で80歳は【 　　　】。
頻出

傘寿
よみ さんじゅ。

☑ **5** 賀寿で88歳は【 　　　】。
頻出

米寿
よみ べいじゅ。

☑ **6** 賀寿で90歳は【 　　　】。
頻出

卒寿
よみ そつじゅ。

☑ **7** 賀寿で99歳は【 　　　】。
頻出

白寿
よみ はくじゅ。

☑ **8** 論語で15歳は【 　　　】。
頻出

志学
学問を志す年齢。「吾十有五而志于学(吾十有五にして学に志す)」。

☑ **9** 論語で30歳は【 　　　】。
頻出

而立
自分の立場がわかる年齢。「三十而立(三十にして立つ)」。

☑ **10** 論語で40歳は【 　　　】。
頻出

不惑
物の考え方などに迷いのない年齢。「四十而不惑(四十にして惑わず)」。

☑ **11** 論語で50歳は【 　　　】。
頻出

知命
天に与えられた使命を知る年齢。「五十而知天命(五十にして天命を知る)」。

☑ **12** 論語で60歳は【 　　　】。
頻出

耳順
誰の意見にも耳を傾けられる年齢。「六十而耳順(六十にして耳順(したが)う)」。

☑ **13** 論語で70歳は【 　　　】。
頻出

従心
自分の心に従っても規範が保てる年齢。「七十而従心所欲、不踰矩(七十にして心の欲するところに従えども、矩(のり)を踰(こ)えず)」。

☑ **14** 旧暦で1月は【 　　】。

睦月
よみ むつき。

☑ **15** 旧暦で2月は【 　　】。

如月
よみ きさらぎ。

☑ **16** 旧暦で3月は【 　　】。

弥生
よみ やよい。

☑ **17** 旧暦で6月は【 　　】。

水無月
よみ みなづき。

☑ **18** 旧暦で8月は【 　　】。

葉月
よみ はづき。

☑ **19** 旧暦で10月は【 　　】。
頻出

神無月
よみ かんなづき。

☑ **20** 旧暦で12月は【 　　】。

師走
よみ しわす、しはす。

---

1 政治・経済

2 国際

3 社会・地理

4 歴史・文化

5 国語・文学・教養

6 英語

7 数学・理科

COLUMN 5 魚へんの漢字

→ あ

蜊	あさり	鮟鱇	あんこう	鱗	うろこ
鰺	あじ	鰯	いわし	鱓	えい
鮎	あゆ	鯎	うぐい	鰕	えび
鮑	あわび	鰻	うなぎ	鰓	えら

→ か

鰍	かじか	鮍	かわはぎ	鯒	こち
鯑	かずのこ	鱚	きす	鮗	このしろ
鰹	かつお	鯨	くじら	鮴	ごり
鰈	かれい	鯉	こい		

→ さ

鮭	さけ	鰆	さわら	鱸	すずき
鯖	さば	鯱	しゃち	鯣	するめ
鮫	さめ	鮨	すし	鱛	せいご

→ た

鯛	たい	鱈	たら	鯰	なまず
鮹	たこ	鰌	どじょう	鰊	にしん

→ な

（上記参照）

→ は

鯊	はぜ	鮃	ひらめ	鮒	ふな
鰰	はたはた	鰭	ひれ	鰤	ぶり
鱧	はも	鱶	ふか	𩸽	ほっけ
鮠	はや	鰒	ふぐ	鯔	ぼら

→ ま

鮪	まぐろ	鰙	わかさぎ
鱒	ます	鰐	わに

→ わ

（上記参照）

第6章

英語

53 【第6章】英語
英語構文①

一般企業 / マスコミ

ココがでる! 基本的な構文を広く浅くチェックしておこう!

イッキに POINT!

● It構文　**重要**

□It is no use [good] ...ing	〜しても無駄だ
□It goes without saying that S+V 〜	SがVする（である）ことは言うまでもない
□It takes +人+時間+to do 〜	人が〜するのに時間がかかる
□take it for granted that S+V 〜	〜だということを当然だと思う

● 比較　**重要**

□no more than 〜	〜しか、わずか。= only
□not more than 〜	〜よりも多くはない（せいぜい）
□no less than 〜	〜もの =as many as / as much as
□not less than 〜	少なくとも〜 = at least
□no better than 〜	〜も同然
□no less 〜 than 〜	〜に劣らず〜

● 不定詞　**重要**

□be about to do 〜	まさに〜しようとしている
□happen to do 〜	たまたま〜する
□in order to do 〜	するために
□be too 〜 to do 〜	〜するには〜すぎる

120

イッキに CHECK!

□ 月 日

■下の日本語の意味になるように、英文の【　】を埋めよ。　■解答

□ **1** 頻出
It is no use 【　】 over spilt milk.
こぼした牛乳を嘆いてもむだ(覆水盆に返らず)。

crying

□ **2** 頻出
It goes without 【　】 that you should take a rest.
あなたが休みを取るべきなのは言うまでもない。

saying

□ **3**
It 【　】 him a few minutes to walk to the school.
彼が学校に歩いていくのに数分かかった。

took

□ **4**
I took it for 【　】 that he would succeed.
私は彼が成功するのは当然だと思っていた。

granted

□ **5** 頻出
It will take 【　】 more than a few minutes to walk to the school.
彼が学校まで歩くのは、数分しかかからないだろう。

no

□ **6** 頻出
It will take 【　】 more than a few minutes to walk to the school.
彼が学校まで歩くのは、せいぜい数分だろう。

not

□ **7** 頻出
It will take 【　】 less than a few minutes to walk to the school.
彼が学校まで歩くのに、数分もかかる。

no

□ **8** 頻出
It will take 【　】 less than a few minutes to walk to the school.
彼が学校まで歩くのに、少なくとも数分かかる。

not

□ **9** 頻出
He is no 【　】 than a thief.
彼は泥棒も同然だ。

better

□ **10** 頻出
She is no 【　】 charming than her mother.
彼女は母親に劣らず魅力的だ。

less

□ **11**
He was just about 【　】 leave.
彼はまさに出発しようとしていた。

to

□ **12**
I happened 【　】 see the policeman in front of the store.
私はたまたま店の前で警官に会った。

to

121

【第6章】英語

54 英語構文②

一般企業
マスコミ

ココがでる!

英語の範囲は幅広い! TOEICの問題集もやろう!

イッキに POINT!

●分詞 [重要]

□Having+過去分詞... , ～	...して(...したので)、～した
□Not ...ing, ～	...しないで(しないので)、～した
□with + 目的語 + 分詞～	～(目的語)を～(分詞)した状態で

●動名詞 [重要]

□prevent(keep/stop) ～ from ...ing	～が...するのを妨げる
□remember ...ing	...したことを覚えている

●代名詞 [重要]

□one ～ , the other ～	(2つのうち) 1つは～、もう1つは～
□one ～ , the others ～	(3つ以上の) 1つは～、残り全部は～

残り全部(特定)

one ● 　　　 ● the other 　　 one ● 　 ●●● the others
　　　　　　　　　　　　　　　　　　　　　　　　 ●●●

単数 ─────────────────────────────── 複数

one ● 　●○○○ another 　 one ● 　●●○ others
　　　　 ○○○ 　　　　　　　　 ○○○

残りの一部(不定)

●関係詞 [重要]

□as is usual with ～	～にはよくあることだが

●否定 [重要]

□not ～ in the least	決して～ない

●仮定法 [重要]

□If it were not for ～ / Were it not for ～	もしも(今)～がなければ、
□If it had not been for ～ / Had it not been for ～	もしも(あの時)～がなかったなら、

122

イッキに CHECK!

□ 月 日

■下の日本語の意味になるように、英文の【　】を埋めよ。

■解答

□ **1** 【　】 written the letter, she sent it to her mother.
その手紙を書くと、彼女は母親に送った。

Having

□ **2** 【　】 knowing what to say, I didn't answer.
私は何と言うべきか分からなかったので、答えなかった。
頻出

Not

□ **3** 【　】 all the staff going to the meeting room, the office was quiet.
スタッフ全員が会議室に行っていたので、オフィスは静かだった。

With

□ **4** What kept you 【　】 coming to the meeting yesterday?
あなたは、なぜ昨日の会議に来なかったのですか。

from

□ **5** I remember 【　】 him.
私は彼に会ったのを覚えている。

seeing

□ **6** There are two cakes. One is mine and 【　】 is yours.
お菓子が2つあります。1つは私ので、もう1つはあなたのです。
頻出

the other

□ **7** I have three children. One is in Yokohama, 【　】 are in Kagoshima.
私には子が3人います。1人は横浜で、残りは鹿児島にいます。
頻出

the others

□ **8** This exam is not 【　】 the least difficult.
この試験は決して難しくない。
頻出

in

□ **9** If it 【　】 not for his advice, I should fail.
もし彼の助言がなければ、私は失敗するだろう。
頻出

were

□ **10** 【　】 it not for his advice, I should fail.
もし彼の助言がなければ、私は失敗するだろう。
頻出

Were

□ **11** If it 【　】 not been for his advice, I should have failed.
もし彼の助言がなかったら、私は失敗していただろう。

had

□ **12** 【　】 it not been for his advice, I should have failed.
もし彼の助言がなかったら、私は失敗していただろう。

Had

1 政治・経済
2 国際
3 社会・地理
4 歴史・文化
5 国語・文学・教養
6 英語
7 数学・理科

123

55 【第6章】英語 頻出熟語①

一般企業 / マスコミ

イッキにPOINT!

●よく使う熟語とは？ 【重要】

ココがでる！ 熟語は英語の文章に欠かせないもの。しっかり覚えておきましょう。

□ account for = explain	説明する
□ be similar to = resemble	似ている
□ bring up = raise	育てる
□ call for = demand	要求する／必要とする
□ call off = cancel	中止する
□ call up = telephone	電話する
□ carry on = go on = continue	続ける
□ carry out = accomplish	達成する
□ catch up with = overtake	追い付く
□ let ~ down = disappoint	～を失望させる
□ look down on = despise	見下す
□ look into = examine = investigate	調べる
□ look up to = respect	尊敬する
□ make out = understand	理解する
□ put off = postpone	延期する
□ put up with = endure = stand	がまんする

イッキに CHECK!

月　日

■下の日本語の意味になるように、英文の【　】を埋めよ。

■解答

1 Will you account 【　】 the budget.
予算について説明していただけますか。

for

2 His car is 【　】 to hers.
彼の車は彼女のと似ている。

similar

3 I was brought 【　】 in Japan.
私は日本で育った。

up

4 The war called 【　】 a lot of weapons.
その戦争では多くの武器が必要だった。

for

5 The meeting was 【　】 off because he was sick.
彼が病気だったので、会議は中止になった。
頻出

called

6 The speaker 【　】 on speaking even after her time was up.
講演者は時間が来ても話し続けた。
頻出

carried

7 The country carried 【　】 three national development plans.
その国は3つの国家発展プランを達成した。

out

8 I'll catch up 【　】 you in a few minutes.
数分であなたに追い付きます。

with

9 The police is 【　】 into the record.
警察はその記録を調べている。

looking

10 The students 【　】 up to their teacher.
生徒達は先生を尊敬していた。

looked

11 He put 【　】 the meeting until next week.
彼は会議を来週に延期した。
頻出

off

12 I can't put 【　】 with him any more.
もうこれ以上彼には我慢できない。
頻出

up

---

1 政治・経済

2 国際

3 社会・地理

4 歴史・文化

5 国語・文学・教養

6 英語

7 数学・理科

125

56

【第6章】英語

頻出熟語②

一般企業
マスコミ

ココが
でる！

TAKEなど、組み合わせる前置詞によって意味が変わる単語をチェック！

イッキに POINT!

● 覚えたい熟語って？　　　　　　　　　　　　重要

□set up = establish	設立する
□stand by = stand up for = support	支持する
□stand for = represent	象徴する
□take after = resemble	似ている
□take on = undertake	引き受ける
□turn down = refuse = reject	拒否する
□turn out = prove	判明する
□put on = pretend	ふりをする
□According to ～	～によると
□As soon as ～	～するとすぐに
□be familiar with	～に精通している
□by no means ～	決して～でない
□in spite of ～	～にもかかわらず
□be afraid of	恐れる、気がかり
□be looking forward to ～ ing	～することを楽しみにする
□ask a favor of (人)	頼み事をする
□consists of A and B	AとBから構成される

126

月 日

イッキに CHECK!

■下の日本語の意味になるように、英文の【　】を埋めよ。　■解答

1 Do you know what the symbol
$ stands【　】?
$は何の印か知っていますか。

for

2 I won't stand【　】it.
それは聞き捨てならない。

by

3 He took【　】the role of
a chairperson.
彼は議長の役柄を引き受けた。

on

4 It turned【　】that the plan have
had no effect.
その計画は結局なんの効果ももたらさなかった。

out

5 According【　】the weather
forecast, it will clear up tomorrow.
天気予報によると明日は快晴だ。

to

6 As soon【　】he came back, he
telephoned to her.
彼は帰るやいなや、彼女に電話をかけた。

as

7 He is familiar【　】English.
彼は英語に精通している。

with

8 He is【　】no means lazy.
彼は決して怠惰ではない。

by

9 He succeeded【　】spite of
handicaps.
彼は障害にもかかわらず成功した。

in

10 I'm afraid【　】the consequences.
私は結果が気がかりだ。

of

11 I'm looking forward【　】seeing
you again.
また会えることを楽しみにしている。

to

12 Water consists【　】hydrogen and
oxygen.
水は水素と酸素から構成される。

of

127

57 【第6章】英語
英語のことわざ

一般企業 / マスコミ

ココがでる！

勉強は「習うより慣れよ」。繰り返し音読して覚えましょう。

イッキに POINT!

●よく使うことわざとは？ 重要

□A friend in need is a friend indeed.
▶まさかの時の友こそ真の友

□A rolling stone gathers no moss.
▶転石苔むさず

□After a storm comes a calm.
▶雨降って地固まる

□Bad luck often brings good luck.
▶禍を転じて福となす

□Do in Rome as the Romans do.
▶郷に入っては郷に従え

□Every man has his faults.
▶なくて七癖

□Failure teaches success.
▶失敗は成功のもと

□Heaven helps those who help themselves.
▶天は自ら助くる者を助く

□History repeats itself.
▶二度あることは三度ある

□Practice makes perfect.
▶習うより慣れよ

□Rome was not built in a day.
▶ローマは一日にして成らず

□The pen is mightier than the sword.
▶ペンは剣より強し

□To kill two birds with one stone.
▶一石二鳥

□Two heads are better than one.
▶三人寄れば文殊の知恵

イッキに CHECK!

■（　）に英単語を入れて、ことわざを完成させよ。

■解答

☐ **1** A good medicine tastes (　).
良薬は口に苦し
bitter

☐ **2** A wonder lasts but (　) days.
人の噂（うわさ）も七十五日
nine

☐ **3** It is no (　) to wake a sleeping lion.
触らぬ神に祟（たた）りなし
good

☐ **4** It is no use crying over spilt (　).
覆水盆に返らず
頻出
milk

☐ **5** Look (　) you leap.
転ばぬ先の杖（つえ）
before

☐ **6** Necessity is the mother of (　).
必要は発明の母
invention

☐ **7** Out of sight,out of (　).
去る者は日々に疎し
mind

☐ **8** Seeing is (　).
百聞は一見にしかず
believing

☐ **9** Strike while the (　) is hot.
鉄は熱いうちに打て
iron

☐ **10** The (　) man does not court danger.
君子危うきに近寄らず
wise

☐ **11** The early (　) catches the worm.
早起きは三文の得
頻出
bird

☐ **12** There is no (　) for tastes.
蓼（たで）食う虫も好きずき
頻出
accounting

☐ **13** There is no (　) road to learning.
学問に王道なし
royal

☐ **14** There in no (　) without fire.
火のないところに煙は立たぬ
smoke

☐ **15** Time (　).
光陰矢のごとし
flies

☐ **16** Too many (　) spoil the broth.
船頭多くして船山に上る
頻出
cooks

☐ **17** Truth is stranger than (　).
事実は小説よりも奇なり
fiction

☐ **18** It (　) rains but it pours.
泣きっ面に蜂（はち）
頻出
never

☐ **19** Time is (　).
時は金なり
money

☐ **20** All is not gold that (　).
光もの必ずしも金ならず
glitters

129

58 時事英語

【第6章】英語

一般企業 / マスコミ

ココがでる！ 時事英語は多少難易度が高いが頻出！英語の学習はまずここから。

イッキにPOINT!

●政治で使う英語って？ 【重要】

□ a budget	予算
□ a cabinet meeting	閣議
□ central ministries	中央省庁
□ the House of Councilors	参議院
□ the House of Representatives	衆議院
□ a parliamentary cabinet system	議院内閣制
□ the separation of the three powers	三権分立

●経済・経営の英語とは？ 【重要】

□ a consumption tax	消費税
□ an exchange rate	為替レート
□ a monetary crisis	通貨危機
□ a monopoly	独占
□ supply and demand	供給と需要
□ tax reduction	減税

●社会問題・環境についての英語は？ 【重要】

□ abnormal weather	異常気象
□ acid rain	酸性雨
□ air pollution	大気汚染
□ medical malpractice	医療過誤
□ unemployment rate	失業率
□ aging of population	高齢化
□ society with a declining birthrate	少子社会
□ a nuclear family	核家族
□ citizen judge system	裁判員制度

●科学技術の英語とは？ 【重要】

□ brain death	脳死
□ human genome	ヒトゲノム
□ an alternative energy source	代替エネルギー
□ a nuclear power plant	原子力発電所
□ tissue engineering	再生医療
□ an allergy	アレルギー
□ a world heritage	世界遺産

イッキに CHECK!

月　日

■次の英語を日本語に訳せ。

■解答

1 新傾向	aging society	高齢化社会
2	arms reduction	軍縮
3 新傾向	defection	亡命
4	racism	人種差別
5 新傾向	refugee	難民
6	a consumption tax	消費税
7 新傾向	a depression	不況
8	a monopoly	独占
9	product liability	製造物責任
10 頻出	the stock market	株式市場
11	trade friction	貿易摩擦
12	an ecosystem	生態系
13	environmental disruption	環境破壊
14	global warming	地球温暖化
15 新傾向	an allergy	アレルギー
16 新傾向	antibody	抗体
17 新傾向	virus	ウイルス
18 新傾向	vaccine	ワクチン
19 新傾向	euthanasia	安楽死
20 新傾向	gene therapy	遺伝子治療

1 政治・経済

2 国際

3 社会・地理

4 歴史・文化

5 国語・文学・教養

6 英語

7 数学・理科

131

【第6章】英語

59 カタカナ語

一般企業
マスコミ

ココが
でる！

カタカナ語は英語にすると意外なスペルになるので要注意。

イッキに POINT!

● よく使うカタカナ語とは？　重要

□ アイデンティティ	identity	自己同一性。自分が自分であること。
□ アダルトチルドレン	adult children	幼少期からの自己抑制のために、トラウマをかかえたまま成長した人。
□ アナリスト	analyst	分析家・研究員。
□ アポイントメント	appointment	面会の約束。
□ アメニティー	amenity	環境の快適性。
□ インキュベーター	incubator	孵化器。企業育成システム。
□ インターンシップ	internship	学生が企業で体験就業すること。
□ インディーズ	indies	独立プロダクション。そこで作られる映画やCD。
□ エージェント	agent	代理人。仲介業。
□ エチケット	etiquette	礼儀作法。
□ エンジニア	engineer	技師・技術者。
□ オプション	option	選択。追加品。
□ コンテンツ	contents	中身・内容。
□ コンプライアンス	compliance	法令遵守。非社会的行動をしないこと。
□ コンペ	competition	競技会。試合。コンペティションの略。
□ サプリメント	supplement	補助・付録。
□ シンポジウム	symposium	特定のテーマについて数人が意見を述べてから、参加者が質問し討論する会。
□ スキーム	scheme	(物事の)枠組み。段取り。
□ スキル	skill	技能。熟練。
□ ダイジェスト	digest	要約されたもの。
□ ツアー	tour	観光旅行。
□ トイレ	toilet	トイレットの略。
□ パイオニア	pioneer	先駆者・開拓者。
□ バリエーション	variation	変形。変化。変奏曲。
□ ベジタリアン	vegetarian	菜食主義者。
□ ペンディング	pending	未解決の状態にとどまること。保留すること。
□ ボキャブラリー	vocabulary	語彙。
□ マスコミ	mass communication	新聞、放送などを使って不特定の大衆に情報伝達すること。
□ ロジック	logic	論理。理屈。論理学。

132

イッキに CHECK!

☑ 月 日

■次のカタカナ語を英語に直せ。

☑ **1** アーカイブ

☑ **2** アナウンサー

☑ **3** アマチュア

☑ **4** アルコール
頻出

☑ **5** オークション
新傾向

☑ **6** オーソリティ

☑ **7** オールタナティブ
頻出

☑ **8** カスタマイズ

☑ **9** クレーム

☑ **10** コラボレーション
新傾向

☑ **11** ジャーナリズム

☑ **12** ゼロ・エミッション
新傾向

☑ **13** ディスカウント

☑ **14** テーマ

☑ **15** ナレッジ・マネジメント
新傾向

☑ **16** バイタリティ

☑ **17** バリアフリー

☑ **18** ビジネス
頻出

☑ **19** メディアリテラシー
新傾向

☑ **20** ユニバーサル・デザイン
新傾向

■解答・解説

archive
情報の蓄積。

announcer
放送員。

amateur
職業ではなく趣味として楽しむ人。

alcohol
酒類の総称。

auction
競売。

authority
権威。

alternative
代替案。

customize
注文に応じて作ること。

claim
苦情・批判。

collaboration
協力・共同。

journalism
新聞・放送などによる情報伝達。

zero emission
廃棄ゼロ。

discount
値引き・割引。

theme
主題。

knowledge management
知識を蓄積・活用した経営。

vitality
生命力・活力。

barrier free
障壁がないこと。

business
仕事・事業。

media literacy
メディアを利用・活用できる力。

universal design
誰にでも使いやすいデザイン。

---

1 政治・経済
2 国際
3 社会・地理
4 歴史・文化
5 国語・文学・教養
6 英語
7 数学・理科

ビジネス英語

COLUMN **6**

あいさつ・自己紹介

Hello,I'm Ichiro Tanaka. This is my first day here.	▶こんにちは、田中一郎です。今日からお世話になります。
May I introduce myself?	▶自己紹介させていただきます。
I work for ABC Bank.	▶私はABC銀行に勤めています。
It was a pleasure to talk with you.	▶お話しできて楽しかったです。
I'm looking forward to seeing you again.	▶またお会いできることを楽しみにしています。
Thank you for taking time from your busy schedule.	▶お忙しいところ時間をとっていただきありがとうございました。
Please give my best regards to Mr.Tanaka.	▶田中さんにどうぞよろしくお伝えください。

電話での応対

Hold on, please.	▶少々お待ちください。
I'm afraid he's on another line at the moment.	▶あいにく彼は別の電話に出ています。
Would you like him to call you back?	▶折り返し電話させましょうか。
May I ask who's calling?	▶お名前を伺えますか。
I have a call for you from Mr.Tanaka of ABC.	▶ABC社の田中さんからお電話です。
Could I leave a message?	▶伝言をお願いできますか。
Can you ask him to call me back?	▶折り返し電話をもらえるように伝えてもらえますか。
I'll call back later.	▶後ほどかけ直します。

eメールの英語

＜件名の書き方＞

Meeting Time & Place	▶待ち合わせ時間と場所
My latest news	▶近況報告

＜文中で使う略語＞

AFAIK(as far as I know)	▶私の知っている限り
ASAP(As soon as possible)	▶できるだけ早く
Bis(business)	▶ビジネス
BTW(BY the way)	▶ところで
FAQ(frequently asked questions)	▶よくある質問

第7章

数学・理科

60 【第7章】数学・理科 計算式

一般企業 / マスコミ

ココがでる! 筆記試験はスピードが重要。素早い計算法を身に付けよう。

●計算即解法

□**(基準自然数+b)(基準自然数−b)**
$(a+b)(a-b)=a^2-b^2$ を利用
【例】$62×58=(60+2)(60-2)=60^2-2^2$
$=3600-4=3596$

□**(10の倍数に近い自然数)²**
$(a-b)^2=a^2-2ab+b^2$ を利用
【例】$29^2=(30-1)^2=30^2-2・30+(-1)^2$
$=900-60+1=841$

□**10の乗数に近い自然数とのかけ算**
かけ算が容易な10の乗数に分解して計算
【例】$43×104=43×(100+4)$
$=4300+43×4=4300+172=4472$

●因数分解 【重要】

□$ax+bx+cx=x(a+b+c)$
□$a^2±2ab+b^2=(a±b)^2$
□$x^2+(a+b)x+ab=(x+a)(x+b)$
□$a^2-b^2=(a+b)(a-b)$
□$a^3+b^3=(a+b)(a^2-ab+b^2)$
□$a^3-b^3=(a-b)(a^2+ab+b^2)$
□$a^3±3a^2b+3ab^2±b^3=(a±b)^3$
□$a^2+b^2+c^2+2ab+2bc+2ca=(a+b+c)^2$

●解の公式 【重要】

□$ax^2+bx+c=0 (a≠0) \leftrightarrow x=\dfrac{-b±\sqrt{b^2-4ac}}{2a}$

□$ax^2+2b'x+c=0 (a≠0) \leftrightarrow x=\dfrac{-b'±\sqrt{b'^2-ac}}{a}$

●虚数

□$i=\sqrt{-1}$　　□$i^2=-1$　　□$i^3=-i$　　□$\sqrt{-a}=\sqrt{a}\,i$

イッキに CHECK!

☑ 月 日

■次の計算をせよ。

■解答・解説

☑ **1** 新傾向 39^2

1,521
$(40-1)^2=40^2-2\cdot40\cdot1+(-1)^2$

☑ **2** 新傾向 203×197

39,991
$(200+3)(200-3)=200^2-3^2$

☑ **3** 新傾向 34×99

3,366
$34\times(100-1)=34\times100-34$

☑ **4** 頻出 $\dfrac{\sqrt{3}}{\sqrt{2}}+\dfrac{\sqrt{6}}{3}$

$\dfrac{5\sqrt{6}}{6}$

$\dfrac{\sqrt{3}\times\sqrt{2}}{\sqrt{2}\times\sqrt{2}}+\dfrac{\sqrt{6}}{3}=\dfrac{\sqrt{6}}{2}+\dfrac{\sqrt{6}}{3}$

$=\dfrac{3\sqrt{6}}{6}+\dfrac{2\sqrt{6}}{6}=\dfrac{5\sqrt{6}}{6}$

☑ **5** $x^2+8x+16=0$
のとき
$x=$【　　】

-4
$x^2+2xy+y^2=(x+y)^2$だから
$(x+4)^2=0$
$x+4=0$

☑ **6** $x^2-12x+36=0$
のとき
$x=$【　　】

6
$x^2-2xy+y^2=(x-y)^2$だから
$(x-6)^2=0$

☑ **7** $x^2+x-5=0$
のとき
$x=$【　　】

$\dfrac{-1\pm\sqrt{21}}{2}$

$ax^2+bx+c=0$ のとき

$x=\dfrac{-b\pm\sqrt{b^2-4ac}}{2a}$

$x=\dfrac{-1\pm\sqrt{1^2-4\cdot1\cdot(-5)}}{2\cdot1}$

$=\dfrac{-1\pm\sqrt{1+20}}{2}=\dfrac{-1\pm\sqrt{21}}{2}$

61 損益算・鶴亀算

【第7章】数学・理科

一般企業 / マスコミ

ココがでる！

なるべく x、y を使った方程式を立てずに素早く計算する練習をしよう。

イッキに POINT!

●損益算（定価・原価・売価・利益・割引）　重要

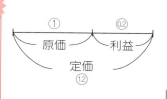

原価の20%の利益を見込んで定価をつける
定価＝原価×（1＋利益率）
①×（①＋0.2）

定価の10%を割引いて販売する
売価＝定価×（1－値引率）
1×（1－0.1）

●鶴亀算（xを使わずに、頭に図を描いて解けるように！）　重要

（例）鶴と亀を合わせて10匹（羽）、足が計28本のとき。

【解法1】方程式
時間がかかる
鶴が x（羽）とすると
亀は $10-x$（匹）なので
$2x+4(10-x)=28$
$2x+40-4x=28$
$2x=12$ ∴ $x=6$（羽）
亀の数は $10-6=4$（匹）

【解法3】ほぼ暗算
　　28 … 足の合算
－　20 … 鶴の足 × 合計匹数
2) 　8 … 引き算して足の差で割る
　　 4 … 亀の数
鶴の数は $10-4=6$（匹）

【解法2】図を使う
速解法

亀の数 ＝ $\dfrac{28-②×10}{④-②}$ ＝ 4

鶴の数は $10-4=6$（匹）

イッキに CHECK!

■【 】にあてはまる数字を答えよ。　■解答・解説

1（頻出）
原価1,200円の商品に原価の2割の利益を見込んだとき定価は【 　 】円。

1,440
定価=原価×(1+利益率)
※定価ベースの利益率ではない。
1,200×1.2=1,440

2（頻出）
原価の12.5%の利益を見込んで定価をつけたら定価が450円になったとき原価は【 　 】円。

400
450÷1.125=400
450÷$1\frac{1}{8}$の方が計算が簡単。

3（頻出）
原価の3割の利益を見込んで定価をつけて売り出したが、定価の2割引きにして売ったら利益が24円だったときの原価は【 　 】円。

600
⑬-⑬×0.2=0.04（原価ベースの利益率）
24÷0.04=600

4（頻出）
原価の30%の利益を見込んで定価をつけたら売れなかったので4割引にして売ったら220円の赤字になったとき、原価は【 　 】円。

1,000
⑬×0.4-③=0.22
220÷0.22=1,000

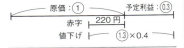

5（頻出）
鶴と亀合わせて17羽（匹）いるとき足の数を足したら44本だったとき、鶴は【 　 】羽、亀は【 　 】匹。

12、5
{44-(17×2)}÷(4-2)=5
17-5=12

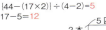
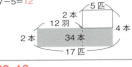

6（新傾向）
1個120円のナシと1個50円の栗を合わせて30個買ったら総額は2,900円だったときナシ【 　 】個、栗【 　 】個。

20、10
{2,900-(50×30)}÷(120-50)=20
30-20=10

【第7章】数学・理科
62 関数

イッキに POINT!

●一次関数 【重要】

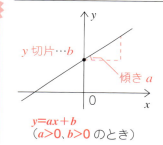

$y=ax+b$
（$a>0$、$b>0$ のとき）

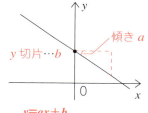

$y=ax+b$
（$a<0$、$b>0$ のとき）

●二次関数 【重要】

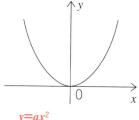

$y=ax^2$
（$a>0$ のとき）

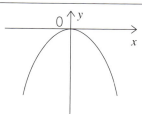

$y=ax^2$
（$a<0$ のとき）

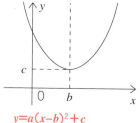

$y=a(x-b)^2+c$
（$a>0$、$b>0$、$c>0$ のとき）

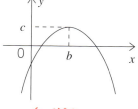

$y=a(x-b)^2+c$
（$a<0$、$b>0$、$c>0$ のとき）

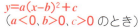

ココがでる！ 関数の式を見たら、すぐに図が頭に浮かぶようにしておこう！

イッキに CHECK!

■【 】にあてはまる数字を答えよ。　■解答・解説

□ **1** 傾きが−2でy切片が4である直線の式は、$y=$【　】。

$-2x+4$
$y=ax+b$で$a=-2, b=4$

□ **2** 【頻出】 x軸との交点が(4,0)、y軸との交点が(0,−2)の直線の式は、$y=$【　】。

$\dfrac{1}{2}x-2$

傾き$=\dfrac{2}{4}$

□ **3** 【頻出】 (−2,−6)(2,2)を通る直線の式は、$y=$【　】。

$2x-2$

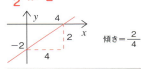

□ **4** $y=x$をx軸方向に3、y軸方向に−3平行移動させたとき、$y=$【　】。

$x-6$

□ **5** $y≦-x^2+2$ ($x≦0, y≧0$) の領域を示す図を書け。

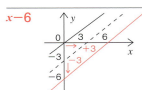

□ **6** 【頻出】 $y≦-x+2$, $y≧x-1$
$y≧0$, $x≧0$
の領域を示す図を書け。

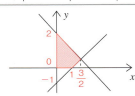

【第7章】数学・理科
63 数の性質・n進法

一般企業 / マスコミ

ココがでる！「N進法」や「Nで割り切れる自然数の個数」は超頻出！

イッキに POINT!

●自然数とは？

- **整数**：…-6,-5,-4,-3,-2,-1,0,1,2,3,4,5,6…
- **自然数**：0,1,2,3,4,5,6…または1,2,3,4,5,6…
（自然数は0を含める場合と含めない場合がある）

●n進法とは？　【重要】

- **10進法**：0〜9の10種類の数字を使って、数を表す。 例)234=$10^2×2+10^1×3+10^0×4$
- **2進法**：0と1の2種類の数字を使って、数を表す。 例)1011

n進法→10進法の変換

例) 2進法の1011を10進法に変換。
1011→$2^3×1+2^2×0+2^1×1+2^0×1=11$

10進法→n進法の変換

例) 10進法の765を4進法に変換。

```
4)765
4)191 …1
4) 47 …3
4) 11 …3
    2 …3
```
23331

●Nで割り切れる自然数の個数　【重要】

- **Nの倍数**の数のこと
  例) 1〜100までで、7で割り切れる自然数の数
  100÷7=14…2→14個

例) 3桁の自然数のうち7で割り切れる数の個数
3桁の自然数とは、100〜999のこと。
1〜999では999÷7=142…5→142個
1〜99では99÷7=14…1→14個
100〜999では、142-14=128個

NでもMでも割り切れる自然数の個数

- NとMの**公倍数**の数を求める

NまたはMでも割り切れる自然数の個数

- 　Nの倍数の数
  +)Mの倍数の数
  -)NとMの公倍数の数

重なっている

NでもMでも割り切れない自然数の個数

- 全体の数の個数-NまたはMで割り切れる自然数の個数

142

イッキに CHECK!

□ 月 日

■【 】にあてはまる数字を答えよ。

■解答・解説

□ **1** 【頻出】
1+2+3+……+198+199＝【 】

19900

```
    1+  2+  3+ …… +198 +199
+ ) 199+198+197+ …… +  2 +  1
  200+200+200+ …… +200 +200
```
199 コ

逆の並びにして足すと、200が199コあるので
(1+199)×199÷2

□ **2** 【頻出】
10進法で2桁の自然数を全て足すと【 】。

4905
10+11+……+98+99
問1と同じで(10+99)×90÷2

□ **3** 【頻出】
10進法の47を3進法で表すと【 】。

1202
```
3 ) 47
3 ) 15  …2
3 )  5  …0
     1  …2
```

□ **4** 【頻出】
4進法の32を10進法で表すと【 】。

14
$4^1×3+4^0×2=12+2$

□ **5** 【頻出】
4で割り切れる2桁の整数は【 】個ある。（10進法）

22
1～99までは99÷4＝24…3
1～9までは9÷4＝2…1
∴24-2

□ **6** 【頻出】
3でも4でも割り切れる2桁の整数は【 】個ある。

8
3と4の最小公倍数である12で割り切れる数は
99÷12＝8…3
9÷12＝0…9
∴8-0

□ **7** 【頻出】
3または4で割り切れる2桁の整数は【 】個ある。

44
3で割り切れる数は
　99÷3－9÷3＝30
4で割り切れる数は
　99÷4－9÷4＝24－2＝22（余りは無視する）
最小公倍数である12で割り切れる数が重複している
∴30+22-8

□ **8** 【新傾向】
e（ネピア数）、π（円周率）、$\sqrt{9}$、$\sqrt{2}$、$\sqrt{3}$を小さい順に並べると
【 】<【 】<【 】<【 】<【 】

$\sqrt{2}$、$\sqrt{3}$、e、$\sqrt{9}$、π
$e≒2.7$　$\pi≒3.14$　$\sqrt{9}＝3$
$\sqrt{2}≒1.41$　$\sqrt{3}≒1.73$

143

【第7章】数学・理科

64 面積・体積・周

一般企業
マスコミ

イッキに POINT!

ココが
でる!

図形の面積や体積は、基本中の基本。公式を丸暗記しよう!

●いろいろな図形の面積、体積、周の求め方は?

□ **三角形**の面積
底辺×高さ÷2

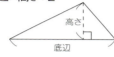

□ **平行四辺形**の面積
底辺×高さ

□ **ひし形**の面積
対角線a×対角線b÷2

□ **台形**の面積
(上底+下底)×高さ÷2

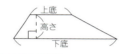

□ **円周**
直径×円周率(π)

□ **扇形**の面積
半径^2×円周率(π)×$\dfrac{中心角}{360}$

□ **円柱**の体積
底面積(半径^2×円周率π)×高さ

□ **球**の体積と表面積
体　積　半径^3×円周率π×$\dfrac{4}{3}$
表面積　半径^2×円周率π×4

□ **円錐**の体積
底面積(半径^2×円周率π)×高さ×$\dfrac{1}{3}$

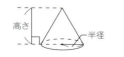

□ **円錐**の表面積
半径^2×円周率π+母線^2×π×$\dfrac{中心角}{360}$

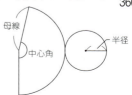

144

	月 日

イッキに CHECK!

■次の問いに答えよ。

■解答・解説

☐ **1** 平行四辺形の面積の公式は。

底辺×高さ

☐ **2** ひし形の面積の公式は。

対角線a×対角線b÷2

☐ **3** 台形の面積の公式は。

（上底＋下底）×高さ÷2

☐ **4** （頻出）円の面積の公式は。

半径²×円周率(π)

☐ **5** 円周の公式は。

直径×円周率(π)

☐ **6** （頻出）扇形の面積の公式は。

半径²×円周率(π)×$\dfrac{中心角}{360}$

☐ **7** 円柱の体積の公式は。

底面積(半径²×円周率π)×高さ

☐ **8** （頻出）円錐の体積の公式は。

底面積(半径²×円周率π)×高さ×$\dfrac{1}{3}$

☐ **9** 球の体積の公式は。

$\dfrac{4}{3}$×円周率π×半径³

暗記法「3分で忘れる心配あーるの参上」。

☐ **10** （新傾向）ある球の体積をV、その球に外接する円柱の体積をV'とするとき、V：V'は。

2：3

☐ **11** （新傾向）底面の円の半径がr_1、側面（扇形）の半径がr_2の円錐の側面積は。（円周率にはπを用いよ）

$r_1 r_2 \pi$

底面の円周と側面(扇形)の弧は等しいので、扇形の中心角は
$(360 \times \dfrac{r_1}{r_2})$。
よって扇形の面積＝$r_2{}^2\pi \times (\dfrac{r_1}{r_2})$

☐ **12** （新傾向）底面の円の半径3cm、高さ4cmの円錐の表面積は。（円周率にはπを用いよ）

24πcm²

側面(扇形)の半径は、三平方の定理から
$\sqrt{(3^2 + 4^2)} = 5$
底面積＋側面積＝$3^2 \times \pi + 5^2 \times \pi \times \dfrac{3}{5}$

1 政治・経済
2 国際
3 社会・地理
4 歴史・文化
5 国語・文学・教養
6 英語
7 数学・理科

65 角度

【第7章】数学・理科

一般企業 / マスコミ

ココがでる！

相互に関連していることも多い図形と角度。関連付けると覚えやすい！

イッキに POINT!

●いろいろな図形の角度の求め方は？ 【重要】

□同位角・錯角・対角

□接弦定理

円の接線とその接点を通る弦の作る角は、その角の内部にある弧に対する円周角に等しい。

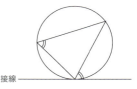

□n角形の1つの頂点から引ける対角線の数

$n-3$

□n角形の内角の和

n−2個の三角形に分けられるから

$(n-2)\times180$

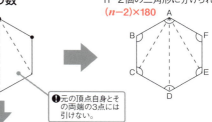

❶元の頂点自身とその両端の3点には引けない。

□n角形の対角線の数

$(n-3)\times n\div2$

□円に内接する四角形の角度の関係

$\angle A+\angle C=\angle B+\angle D=180°$

イッキに CHECK!

■次の図の∠xを求めよ。

■解答・解説

1

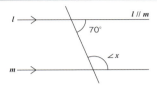

110°
平行線の錯角は等しいので
$180° - 70° = 110°$

2 頻出
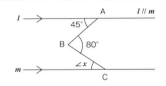

35°
B点を通りl, mに平行な補助線nを引く
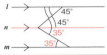

3 頻出
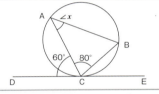

40°
接弦定理より
∠x = ∠BCE
$180° - (60° + 80°) = 40°$

4 頻出
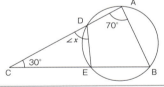

80°
四角形ABEDは円に内接するので、
∠x = ∠ABE
$180° - (70° + 30°) = 80°$

5

30°
∠AOB = $\frac{1}{2}$∠AOC = 60°
∠x = $\frac{1}{2}$∠AOB
∴ $60° \times \frac{1}{2} = 30°$

6
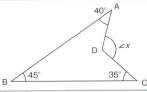

120°
辺ADをBCと接するまで延ばすと
∠x = ∠DEC + ∠ECD
= $85° + 35° = 120°$

【第7章】数学・理科

66 集合・確率

一般企業
マスコミ

ココが
でる！

まずPやCの意味を理解した上で、基本的な公式を覚えてしまおう！

イッキに POINT!

●順列 　重要

□**階乗**…1からnまでのすべての自然数のかけ算

$$n! = n(n-1)(n-2)(n-3) \cdots 3 \cdot 2 \cdot 1$$

□**順列**…n個のものからr個を取る

$$nPr = \underbrace{n(n-1)(n-2)\cdots(n-r+1)}_{r個}$$

□n個のものを1列に並べる順列の数

$$nPn = n!$$

□**円順列**(n個のものを円形に並べる)

$$n! / n = (n-1)!$$

□**重複順列**(同じものを何回も使っても良い)
n個のものからr個を取った重複順列

$$n^r$$

●組み合わせ 　重要

□**組み合わせ**…n個の異なるものからr個を取る

$$nCr = \frac{nPr}{r!} = \frac{n(n-1)(n-2)\cdots(n-r+1)}{r!} = \frac{n!}{r!(n-r)!}$$

□**重複組み合わせ**…n個の異なるものからr個を取る
(同じものを繰り返し使ってもよい)

$$n+r-1Cr$$

●確率 　重要

$$確率 = \frac{ある事象が起こる回数}{ある事象が起こる回数 + ある事象が起こらない回数}$$

148

	月　日

イッキに CHECK!

■【 】にあてはまる数字を答えよ。

■解答・解説

☑ **1** 頻出
5人を1列に並べるとき、
並べ方は【 】通り。

120
$5! = 5 \times 4 \times 3 \times 2 \times 1$

☑ **2** 頻出
5人が円形のテーブルに
着席するとき、
座り方は【 】通り。

24
$(5-1)! = 4 \times 3 \times 2 \times 1$

☑ **3** 頻出
5人の中から
3人を選ぶ組み合わせは
【 】通り。

10
$_5C_3 = \dfrac{5 \times 4 \times 3}{3 \times 2 \times 1} = 10$

☑ **4**
男4人女5人の計9人の中から
男2人女3人を選ぶ組み合わせは
【 】通り。

60
$_4C_2 \cdot {_5C_3}$
$= \dfrac{4 \cdot 3}{2 \cdot 1} \cdot \dfrac{5 \times 4 \times 3}{3 \times 2 \times 1}$

☑ **5**
1つのサイコロを
2回振ったとき、
2回目の数が1回目の
3倍になる確率は【 】。

$\dfrac{1}{18}$
(1,3)(2,6)の2通りなので
$\dfrac{2}{36} = \dfrac{1}{18}$

☑ **6**
当たりくじが2枚
ハズレくじが10枚
入っている箱から2回引くとき、
2回とも当たる確率は【 】。

$\dfrac{1}{66}$
$\dfrac{_2C_2}{_{12}C_2} = \dfrac{\frac{2 \times 1}{2 \times 1}}{\frac{12 \times 11}{2 \times 1}} = \dfrac{1}{66}$

---

1 政治・経済

2 国際

3 社会・地理

4 歴史・文化

5 国語・文学・教養

6 英語

7 数学・理科

149

67 【第7章】数学・理科
その他のパターン問題

一般企業 / マスコミ

ココがでる！

筆記試験はスピードが重要。素早い計算法を身に付けよう。

イッキに POINT!

●植木算

□直線(全長Am)にBmおき

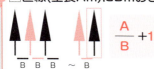

$\dfrac{A}{B}+1$

□円形(全長Am)にBmおき

$\dfrac{A}{B}$

●仕事算

□N日間で終わる仕事

全体の仕事量を1とする。

□2人で仕事をする場合

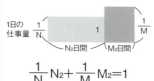

$\dfrac{1}{N}N_2 + \dfrac{1}{M}M_2 = 1$

●速度算

□速さ = $\dfrac{距離}{時間}$ キ/ハ/ジ

●流水算

□流速Rの川を、止水で速度Sの船が往復する

《船の速度》

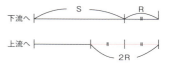

流速 = $\dfrac{下流への速度 - 上流への速度}{2}$

●年齢算

□親子の年齢差は常に同じ

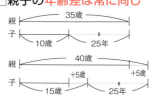

□親の年齢が子のN倍になるとき

子は (親子の差) × $\dfrac{1}{N-1}$ 歳

●濃度算

□濃度 = $\dfrac{食塩}{水+食塩} \times 100(\%)$

150

イッキに CHECK!

■【　】にあてはまる数字を答えよ。

1 頻出
5mおきに木を植えるとき、400mの直線道なら【　】本、1周400mのトラックなら【　】本の木が必要である。

2 頻出
A君が1人でやると24日間かかる仕事がある。この仕事をまずA君が8日やった後に、残りをB君1人でやるとあと12日かかった。この仕事をB君が1人でやると【　】日間かかる。

3 頻出
長さ1,000mのトンネルを電車が完全に通過するのに1分かかった。電車の長さを200mとすると、電車の時速は【　】km／時である。

4 頻出
川のA点から20km下流にあるB点まで船で往復したら、下りは4時間、上りは5時間かかった。川の流速は【　】km／時である。

5 頻出
母親の年齢が50歳、子供の年齢が22歳のとき、母親の年齢が子供の2倍になるのは、子供が【　】歳のときである。

6 頻出
濃度が4％の食塩水100gと、10％の食塩水150gを混ぜたあと、水を【　】g入れると、5％の食塩水になる。

■解答・解説

81、80

直線のとき、両端に木が必要なので
$\frac{400}{5}+1=81$(本)

円形のときは
$\frac{400}{5}=80$本

18

全体の仕事量を1とする。

72

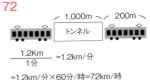

$\frac{1.2Km}{1分}=1.2km/分$

$=1.2km/分×60分/時=72km/時$

0.5

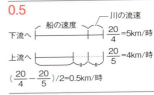

$\frac{20}{4}=5km/時$

$\frac{20}{5}=4km/時$

$(\frac{20}{4}-\frac{20}{5})/2=0.5km/時$

28

よって子が28歳のとき、年齢が倍になる。

130

濃度＝$\frac{食塩}{食塩＋水}×100$

100g×4％＋150g×10％＝19gの食塩になる。
19÷0.05＝380gの食塩水であることが必要。
よって　380－(100＋150)＝130

【第7章】数学・理科
68 化学

一般企業 / マスコミ

ココがでる！ 水素の運搬役やエネルギー源としてアンモニアが注目されています。

イッキにPOINT!

●押さえておきたい化学用語は？

- □ **質量保存の法則**…化学反応で反応前の物質の全質量と、反応後に生成した物質の全質量は等しい。
- □ **アボガドロ定数**…0.012kg中の炭素12に含まれる原子の数。
- □ **モル**…アボガドロ定数と同じ構成単位を持つ物質の物質量の単位。

●三態変化

気体 — 昇華 → / ← 昇華 — 固体 / 融解 → / ← 凝固 — 液体 / 蒸発 → / ← 凝縮 — 気体

●必ず覚えておきたい元素記号は？

水素	H	リチウム	Li	炭素	C	窒素	N
酸素	O	ナトリウム	Na	マグネシウム	Mg	アルミニウム	Al
ケイ素	Si	塩素	Cl	カルシウム	Ca	カリウム	K
硫黄	S	鉄	Fe	金	Au	銀	Ag

●必ず覚えておきたい化学式は？

酸素	O_2	水素	H_2	水	H_2O
塩素	Cl_2	塩化水素	HCl	硫酸	H_2SO_4
塩化ナトリウム	$NaCl$	アンモニア	NH_3	水酸化ナトリウム	$NaOH$
メタノール	CH_3OH	エタノール	C_2H_5OH	グルコース(ブドウ糖)	$C_6H_{12}O_6$

●必ず覚えておきたい反応式は？

- □ $H_2 + O_2 \rightarrow 2H_2O$
  水素 + 酸素 → 水（水素の燃焼）
- □ $HCl + NaOH \rightarrow NaCl + H_2O$
  塩化水素 + 水酸化ナトリウム → 塩化ナトリウム + 水
- □ $CaCO_3 + 2HCl \rightarrow CaCl_2 + H_2O + CO_2$
  石炭石(炭酸カルシウム) + 塩化水素 → 塩化カルシウム + 水 + 二酸化炭素

	月 日

イッキに CHECK!

■【 】にあてはまる言葉を答えよ。

■解答・解説

☐ **1** 頻出
「化学変化の前後で物質全体の質量は変わらない」という法則は【 】。

質量保存の法則
仏 ラボアジエ（1743年生～94年没）が発見。

☐ **2**
食塩水の食塩は溶質、水は【 】。

溶媒

☐ **3**
水に溶質を溶かしたときに、その温度で最大に溶ける量を【 】と呼ぶ。

溶解度

☐ **4**
問3の状態から冷却または蒸発などによって固体の結晶を得ることを【 】という。

再結晶

☐ **5** 頻出
ある溶液が酸性であることを確かめるには、【 】色のリトマス試験紙が【 】色になるのを確認する。

青、赤

☐ **6**
炭素を含む物質のことを【 】という。

有機物
炭素を含まない物質は無機物。

☐ **7**
カルシウムの元素記号は【 】。

Ca

☐ **8**
金の元素記号は【 】。

Au

☐ **9**
銀の元素記号は【 】。

Ag

☐ **10**
銅の元素記号は【 】。

Cu

☐ **11**
鉄の元素記号は【 】。

Fe

☐ **12** 新傾向
アンモニアの化学式は【 】。

NH₃

☐ **13**
塩化水素（塩酸）の化学式は【 】。

HCl

☐ **14**
炭酸カルシウムの化学式は【 】。

CaCO₃

☐ **15**
メチルアルコール（メタノール）の化学式は【 】。

CH₃OH

☐ **16**
エチルアルコール（エタノール）の化学式は【 】。

C₂H₅OH

【第7章】数学・理科

69 生物・健康

一般企業
マスコミ

ココがでる！

時事、ニュースに出てくるようなワードとその科学史がよく出題される！

●生物

1665年	□細胞の発見	□フック
1796年	□種痘法(ワクチン)発見	□ジェンナー
1859年	□「種の起源」を著す	□ダーウィン
1865年	□遺伝の法則を発見　□優性の法則　□分離の法則　□独立の法則	□メンデル
1882年	□結核菌を発見	□コッホ
1883年	□コレラ菌を発見	□コッホ
1885年	□狂犬病ワクチンの開発	□パスツール
1889年	□破傷風菌を発見	□北里柴三郎
1898年	□赤痢菌発見	□志賀潔
1901年	□ABO式血液型の発見	□ラントシュタイナー
1929年	□ペニシリンの発見	□フレミング
1953年	□DNAの二重らせん構造を発見	□ワトソン、クリック
1997年	□クローン羊(ドリー)の誕生	
1998年	□ES(胚性幹)細胞の開発	□トムソン
2003年	□ヒトゲノムの解析完了	
2007年	□iPS細胞の開発	□山中伸弥
2020年	□新型コロナウイルス感染症の流行	

●健康

□**三大栄養素**…炭水化物、タンパク質、脂肪。
□**ピロリ菌**…胃潰瘍、胃ガンの原因菌。
□**プロバイオティクス**…乳酸菌など健康に有用な微生物を活用すること。
□**DHA(ドコサヘキサエン酸)**…魚に多く含まれ、血中コレステロールの低下や記憶力増進の作用がある。

154

イッキに CHECK!

□ 月 日

■【　】にあてはまる言葉を答えよ。

□ 1 優性の法則、分離の法則、独立の法則からなる遺伝の法則を【　】という。

□ 2 DNAは【　】構造になっている。

□ 3 「種の起源」を著した英国人は【　】。

□ 4 三大栄養素は脂肪、タンパク質、【　】。

□ 5 オーストラリアの医師が発見した胃潰瘍等を引き起こす菌は【　】菌。

□ 6 細胞内で呼吸に関係する酵素を含む糸粒体を【　】という。

□ 7 骨が萎縮し、もろく折れやすくなる、特に女性に多い病気を【　】という。

□ 8 生物間の共生関係を意味し、乳酸菌など健康に有用な微生物を活用することを【　】という。

□ 9 魚に多く含まれ、血中コレステロール低下や記憶力増進の作用があるとされる不飽和脂肪酸を【　】という。

□ 10 生物の寿命との関係が注目されている細胞核の染色体の構造物を【　】という。

□ 11 集中困難、落ち着きがないなどの症状を持った「注意欠陥多動性障害」の略語は【　】。

□ 12 生命に関わるトラウマが原因で、フラッシュバックなどの症状を伴う病気を【　】という。

■解答・解説

メンデルの法則
メンデル(1822年生〜84年没)はオーストリアの修道院司祭、生物学者。実験にはエンドウを使用。

二重らせん
DNA＝デオキシリボ核酸

ダーウィン
人英 1809年生〜82年没。

炭水化物

ピロリ

ミトコンドリア
細胞の核とは別にDNAを持つ。

骨粗鬆症

プロバイオティクス (probiotics)
抗生物質(antibiotics)の逆。

DHA (ドコサヘキサエン酸)
イワシやサバなど青い魚に多く含有。

テロメア
別名「末端小粒」。不老不死の鍵を握るのではないかと言われている。

ADHD
英 Attention―Deficit Hyperactivity Disorder

PTSD
英 Post Traumatic Stress Disorder
日本語では（心的）外傷後ストレス障害。

1 政治・経済
2 国際
3 社会・地理
4 歴史・文化
5 国語・文学・教養
6 英語
7 数学・理科

155

【第7章】数学・理科

70 気象・地学

一般企業
マスコミ

イッキに POINT!

ココがでる！

天気図記号の曇りは、◎、○、●、△、▲のどれ？

●主な気象・地学用語には何がある？

【地震用語】
- □**震度**:地震による振動の強弱を示す量(10段階)。
- □**マグニチュード(M)**:地震のエネルギー量。Mが1増えると約32倍に。
- □**P波(初期微動)**:縦に揺れる地震の波。速度は秒速6〜7m。地震時にはまずP波が伝わり、小さい揺れのため、初期微動とも呼ばれる。
- □**S波**:横に揺れる遅い波。P波より遅く伝わり、大きい揺れのため、主要動とも呼ばれる。

【気象用語】
- □**アメダス**:気象庁が全国に配置したロボット気象計による地域気象観測システム。〈Automated Meteorological Data Acquisition System〉の略。
- □**降水確率**:ある地域の一定時間内において、雨量計で測る降水量が1mm以上になる可能性確率。

【天体用語】
- □星の**等級**:星の明るさを対数スケールで示す階級。恒星の場合は「等星」とも呼ぶ。値が小さいほど明るく、例えば1等星は6等星の100倍明るい。
- □**惑星**:太陽を中心に公転している天体。2006年8月、IAU(国際天文学連合)が冥王星を準惑星とし、水星、金星、地球、火星、木星、土星、天王星、海王星の8つに減った。

●真夏日、夏日、真冬日、冬日の基準は？

□**熱帯夜**	夜の最低気温	25度以上	□**夏 日**	1日の最高気温	25度以上
□**猛暑日**	1日の最高気温	35度以上	□**真冬日**	1日の最高気温	0度未満
□**真夏日**	1日の最高気温	30度以上	□**冬 日**	1日の最低気温	0度未満

※2018年7月23日、埼玉県熊谷市で最高気温(41.1度)を更新。さらに、2020年8月17日に静岡県浜松市でも41.1度を記録。

●主な天気記号は？

- □快晴 ○
- □雨 ●
- □あられ △
- □晴 ①
- □雪 ⊛
- □ひょう ▲
- □曇 ◎
- □霧 ⊙
- □雷 ⊖

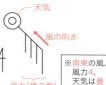

※南東の風、風力4、天気は曇

イッキに CHECK!

月　日

■【　】にあてはまる言葉を答えよ。

■解答・解説

☑1 気圧の単位は【　】。
新傾向

ヘクトパスカル(hPa)
ミリバールから変更された。

☑2 太平洋ペルー沖の海水温度が上昇し、気象に影響を与えるのは【　】現象。
頻出

エルニーニョ現象

☑3 台風とは、北太平洋の南西部に発生し、中心付近の最大風速が毎秒【　】m以上の低気圧のこと。
頻出

17.2
気圧は関係ないことに注意。

☑4 「晴れ」の天気記号は【　】。
頻出

快晴○、曇◎、雨●。

☑5 日本の最高気温(41.1度)は、2018年に【　】県熊谷市、さらに2020年に【　】県浜松市が記録。

埼玉、静岡
それまでは高知県四万十市の41.0度が最高だった。

☑6 水蒸気を除く大気の成分のうち、約80%を占めるものは【　】。

窒素
大気組成(体積%):窒素(N_2)78%、酸素(O_2)21%、アルゴン(Ar)1%、二酸化炭素(CO_2)0.036%

☑7 次の記号で表される前線は【　】前線。

■■■■■

温暖
寒冷前線↓

▼▼▼

☑8 大陸移動は地球表面を覆う巨大な板の移動によるものだという説を【　】という。

プレート・テクトニクス

☑9 気温と湿度による蒸し暑さの程度を示すのは【　】指数。
新傾向

不快
不快指数75以上で半数以上の人が、85以上でほとんどの人が不快と感じる。

☑10 真夏日とは、最高気温がセ氏【　】度以上の日。
新傾向

30

157

【第7章】数学・理科
71 物理

一般企業 / マスコミ

イッキにPOINT!

ココがでる！

どこかで聞いたことがある名前ばかり。意味までしっかり押さえよう。

●物理法則を発見した主な人物は？

名　前	国	発見した物理法則
□フック	英国	バネに加えられた力とバネが伸びる長さは比例する。
□ガリレオ	イタリア	外力が加えられなければ、物体は静止し続ける、または等速直線運動を続ける（慣性の法則）。
□ジュール	英国	熱量は電流の強さの2乗と抵抗の大きさに比例する。
□ケプラー	ドイツ	惑星の運動に関して3つの法則を発見。①惑星は太陽を1焦点とするだ円軌道の上を動く。②惑星と太陽を結ぶ線が一定時間に作る面積は一定。③惑星の公転周期の2乗は太陽からの平均距離の3乗に比例する。
□ドップラー	オーストリア	近づいてくる音は、遠ざかるときに比べて高く聞こえる。
□ニュートン	英国	2つの物体間に働く引力は、その物体の質量の積に比例し、距離の2乗に反比例する（万有引力の法則）。
□パスカル	フランス	密閉された流体の一部に圧力を加えると、どの部分にも同じ圧力が伝わる。

●物理現象の大小を示す主な単位は？

□アンペア(A)	電流	□パスカル(Pa)	圧力
□ボルト(V)	電圧	□ルクス(lx)	照度
□オーム(Ω)	電気抵抗	□光年	天体間の距離を表す単位。1光年は光が1年間にすすむ距離。
□ジュール(J)	仕事・エネルギー・熱量	□マッハ(Ma)	音速
□ヘクトパスカル(hPa)	気圧	□ホン(phon)	音量

●てこ・滑車の法則とは？

□天秤

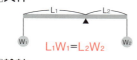

$L_1W_1 = L_2W_2$

□滑車

$W_1 = W_2$　　$W_3 = 2F_1$

□輪軸

$L_1W_1 = L_2W_2$
$F_1(L_1+L_2) = W_3L_2$

158

月　日

イッキに CHECK!

■次の文で説明している法則を発見した人物名を答えよ。

■解答・解説

☑ **1** バネに加えられた力と伸びの長さは比例する。

フック
人英1635年生〜1703年没。

☑ **2** 外力が加わらなければ、物体は静止または等速直線運動を続ける。

ガリレオ
＜慣性の法則＞人伊1564年生〜1642年没。

☑ **3** 惑星は太陽を1焦点とする楕円運動をする。

ケプラー
人独1571年生〜1630年没。

☑ **4** 近づいてくる列車の音が、遠ざかるときに比べて高く聞こえる。

ドップラー
人オーストリア1803年生〜53年没。

☑ **5** 2つの物体間に作用する引力は、その質量の積に比例し、距離の2乗に反比例する。

ニュートン
＜万有引力の法則＞人英1642年生〜1727年没。

☑ **6** 密閉された流体の一部に圧力を加えると、どの部分にも同じ圧力が伝わる。

パスカル
人仏1623年生〜62年没。

☑ **7** 光速度はすべての観測者に対して不変である。

アインシュタイン
＜相対性理論＞人ユダヤ系ドイツ
1879年生〜1955年没。

☑ **8** 水における浮力の大きさは、物体が押しのけた水の体積に等しい。

アルキメデス
水以外の液体の場合、その重量に等しい。人ギリシャ紀元前287年頃生〜紀元前212年没。

☑ **9** 電圧は電流と抵抗の積である。

オーム
人独1789年生〜1854年没。

☑ **10** 遠方の銀河の後退速度は、そこまでの距離に比例する。

ハッブル
功績をたたえて、宇宙望遠鏡にその名がつけられた。人米1889年生〜1953年没。

1 政治・経済

2 国際

3 社会・地理

4 歴史・文化

5 国語・文学・教養

6 英語

7 数学・理科

159

著者

角倉裕之　　すみくら ひろし

1968年鹿児島県生まれ。91年鹿児島大学工学部電子工学科卒業。93年
慶應義塾大学大学院経営管理研究科（慶應ビジネススクール）修了、
MBA（経営学修士号）取得。同年、株式会社博報堂に入社し、経営管理
本部で財務管理を、マーケティング局で広告戦略立案や新商品開発など
を担当。98年、フリーのマーケティングプランナーとして独立。SOHOT
（ソーホット）代表としてマーケティングプランニングに携わる。また、
早稲田セミナー（Wマスコミ就職セミナー）講師として、のべ数千人の大学生
の就職活動を指導。講義・講演先はWマスコミセミナー、ディスコ、広
島工業大学、広島修道大学、文京学院大学、跡見学園女子大学、日本大学、
相模女子大学、北海道大学、東京大学など。著書に『一般常識&最新時
事[一問一答]頻出1500問』（高橋書店）などがある。

イッキに内定！
一般常識&時事[一問一答]

著　者　角倉裕之
発行者　高橋秀雄
発行所　**株式会社 高橋書店**
　　　　〒170-6014
　　　　東京都豊島区東池袋3-1-1 サンシャイン60 14階
　　　　電話　03-5957-7103

©SUMIKURA Hiroshi　Printed in Japan

定価はカバーに表示してあります。
本書および本書の付属物の内容を許可なく転載することを禁じます。また、本書および付属
物の無断複写（コピー、スキャン、デジタル化等）、複製物の譲渡および配信は著作権法上で
の例外を除き禁止されています。

本書の内容についてのご質問は「書名、質問事項（ページ、内容）、お客様のご
連絡先」を明記のうえ、郵送、FAX、ホームページお問い合わせフォームから
小社へお送りください。
回答にはお時間をいただく場合がございます。また、電話によるお問い合わせ、
本書の内容を超えたご質問にはお答えできませんので、ご了承ください。
本書に関する正誤等の情報は、小社ホームページもご参照ください。

【内容についての問い合わせ先】
　書　面　〒170-6014　東京都豊島区東池袋3-1-1
　　　　　　　　　　　　　サンシャイン60 14階　高橋書店編集部
　FAX　03-5957-7079
　メール　小社ホームページお問い合わせフォームから
　　　　　（https://www.takahashishoten.co.jp/）

【不良品についての問い合わせ先】
　ページの順序間違い・抜けなど物理的欠陥がございましたら、電話
　03-5957-7076へお問い合わせください。ただし、古書店等で購入・入手
　された商品の交換には一切応じられません。
